Апокалипсис мелкого греха

Архиепископ Иоанн (Шаховской)

Апокалипсис мелкого греха

Copyright © 2022 Indo-European Publishing

ISBN: 978-1-64439-841-8

Содержание

О знании

"Что святее и что спасительнее, быть может, как, поучаясь в делах Господних, на высокий славы Его престол взирать мысленно и проповедовать Его величество, премудрость и силу! К сему отворяет астрономия пространное рук Его здание..."

Ломоносов

"Знание упразднится" (1 Кор. 13, 8)... Конечно, не то знание, коим лицезреют истину чистые сердцем; не то знание, от коего пребывают в непрестанном удивлении святые; не то, коим созидается жизнь вечная.

Упразднится знание, которое не знает своей ограниченности, малости и временности. Знание смиренное благоговейное и трепетное останется навеки, ибо принадлежит Небесному Иерусалиму.

Принадлежность лишь к этому миру, есть признак мертвенности, как человека, так и знания. И только мертвенное знание "надмевает" (1 Кор. 8, 1). Не имея в себе жизни, человек надмевается призрачным познанием высот и глубин. Дух чистый не надмевается никакими знаниями, ибо данные свыше", огни могут быть потушены. Чистый дух всегда трепещет и благоговеинствует пред высшими знаниями и бесконечно умаляет свои. Философией незнания охраняет свое знание.

Противоречит ли небесное знание веры - тайн спасения человечества - знанию прагматическому, знанию "науки" нынешнего Мира? Конечно, не противоречит. Как не противоречат небесные законы жизни - законам земным, хотя и превышают их, а потому и освящают.

Знания плотника, столяра, погонщика верблюдов, живописца, врача, математика - не противоречат знанию святого, верующего, любящего человека, и каждый человек в мире какого бы знания он ни был и какими бы талантами ни обладал, может быть святым, верующим и любящим, - не отрекаясь от своего земного знания, но лишь возвышаясь к небесному.

"Конфликт" "веры и науки", "знания и веры" есть конфликт не существующий.

Вера небесная есть соль жизни. Без веры небесной всякое прикладное знание, всякая вера земная - пресны, безжизненны, томительны.

Земное знание освятил Сам Господь Спаситель, ставши Плотником. Этим Господь освятил в мире всякий земной труд и всякое знание земного Мира: химию, физику, архитектуру, историю, медицину, социологию, геометрию; благословил порядок земных научных верований в аксиомы и гипотезы. Но при условии чтобы кесарь - жизнь мира сего - не затмевал в душах людей Бога.

Ломоносову, Паскалю, Пастеру, Ньютону знание низшего круга не мешает знанию круга высшего. Вопреки закону надмения, они не надмились своим знанием, своей земной красотой и высотой. В смирении своем (смирение есть правда) они постигли жизнь во Христе. Они поняли, что их "научное" знание не есть "высота" для их богообразных душ, и потому нашли другую высоту, иную науку - духа и вечности. Смирились и вознеслись.

А сколько ученых, метафизической надутостью своею прельщают сердца простых людей! Сколько простецов бежит за именем "профессора", как раньше бежало за именем "короля", "героя"... И сколько профессоров принимают эти идолопоклоннические струи в свое сердце! "Род лукавый и прелюбодейный" (Мф. 12, 39), прелюбодейный в самом страшном смысле - самообоготворения, самообожания.

Наступает время, когда все чистые люди науки земной должны отлеплять от своих человеческих достоинств всякий налет практического идолопоклонства и являться свидетелями Божьей славы, благовестниками умаления человека в Боге, и через это - воскрешения нового человечества.

Пусть не странным покажется, что человеку надо обучаться

2

некоему незнанию. Это незнание не будет неведением. Еще менее, оно будет невежеством. Стремясь уйти от *лжеименного* знания, человек иногда приходит к восхвалению невежества, к отвержению благодатной культуры знания. Это путь ложной философии незнания, путь фарисейский, усваиваемый некоторыми мытарями, становящимися в стороне от жизни мира и превозносящими себя над фарисеями науки. Не этот путь дает Господь, для преодоления соблазна и пустоты лжезнания.

На всех ветхих путях жизни, человеку свойственно "богатиться" и "знать"; к этому устремлена вся первородная похоть человека.

"И увидела жена, что дерево хорошо для пищи и что оно приятно для глаз и вожделенно, потому что дает знание, и взяла плодов его и ела" (Быт. 3, 6)... Вот зарождение похоти знания, - греха, в котором пребывает весь ветхий мир человека... "знать", насытиться, обогатиться... без Бога, вне Бога.

Но, - "горе вам, богатые!"... "горе вам, пресыщенные ныне!" (Лк. 6,24-25).

В нынешнем состоянии человечества никакое знание не должно ощущаться как знание. Всякое знание должно переживаться как неведение.

Чем больше человек знает, тем меньше он должен чувствовать, что он знает. Как в духовной науке созерцания тайн небесного мира, так и в земной науке, подлинное достижение сопряжено бывает с сознательным нищанием. "Я знаю только то, что я ничего не знаю", говорил древнейший философ, и эта истина ближе всего пришлась к верхам земной науки философии. Различны формы ее проявления. Это или "feu, feu, feu" - Паскаля, или рациональный агностицизм Бергсона, или мистический агностицизм St. Joan de la Croix, или пеплом посыпаемое ведение преп. Исаака Сирина.

Достаточно привести несколько слов с последних граней человеческой учености, чтобы убедиться в твердости предпосылок философии незнания.

"Как велик, о, как велик Бог, а наше знание ничтожно!"

(Ампер). "Не знаю, чем кажусь я миру. Но себе я представляюсь ребенком, который играет на берегу моря и собирает гладкие камни и красивые раковины, меж тем как великий океан глубоко скрывает истину от глаз его" (Ньютон). "Что мы знаем, это - пустяк, а то, чего не знаем - неизмеримо" (Даллас). "Большинство ученых сознает ограниченность положительной науки и признает, что конечные проблемы вселенной для нее недосягаемы" (А. Иоллер). "Я много занимался изучением природы; поэтому я верую, как бретонский крестьянин. Если бы можно было мне заниматься и исследовать еще более, то я веровал бы простою детскою верою крестьянки из Бретани" (Пастер).

Можно было бы без конца умножать эти свидетельства земной человеческой науки. Мало чем отличаются от них свидетельства великих ученых науки духа, св. Подвижников и Отцов Церкви. Их опыт есть - бесконечное смирение... Им открываются тайны, но эти тайны еще величественнее открывают им тайну непостижимости.

"Когда предстанешь в молитве пред Богом, сделайся в мысли своей как бы муравьем, как бы пресмыкающимся по Земле, как бы пиявицею, и как бы ребенком лепечущим. Не говори пред Богом чего-либо от знания, но мыслями младенческими приближайся к Нему". (Ис. Сирин). Познать самого себя есть некое совершенство знания; однако: "Ум входит внутрь глубин Святаго Духа после того, как минует все видимое и мысленное, и среди тех непостижимых вещей недвижно движется и вращается, живя более жизни - в жизни, будучи светом во свете, и не светом, поскольку есть сам в себе (т.е., может быть отделим от Света Божьего). Тогда он видит не себя самого, но Того, Кто есть выше его и будучи изменяем, мысленно от тамошней славы, становится совсем не знающим себя самого"... "Бывает он и слеп и не слеп; он смотрит неестественными очами, так как стал выше естественного зрения, получив новые очи, коими и смотрит выше естества. Бывает бездейственен и недвижим, как исполнивший всякое собственное действие. Бывает немыслящ, как сделавшийся едино с Тем, Кто выше всякой мысли, и почивший тай, где нет места действию ума, - т.е. движению его в воспоминании или помысле или размышлении. Не имея возможности постигнуть и познать непостижимое и дивное, он некоторым образом почивает на этом совершенным почиванием, этой неподвижностью блаженного нечувствия, т.е. нелюбопытно наслаждаясь неизъяснимыми благами с чувством, однако же, верным и определенным" (преп. Симеон Новый Богослов: Деятельная и богословская главы, 148,149).

Различными словами отображая свой опыт, все подвижники Церкви, во все века "во всех странах, говорят об одном и том же.

Одинакова и метафизика личного сознания истинных ученых мира.

Незнание есть предмет первого и последнего постижения человека.

Удивительно, что ни в одном из Евангелий ни разу не встречается слово "знание", а апостол Павел единственный из всех апостолов, говорящий о "знании", только в трех случаях кратко говорит о положительном знании, как даре от Бога: "Дается другому слово знания", (1 Кор. 12, 8); "кто любит Бога, тому дано знание, (гл. 8, 3), "но не у всех знание", (ст. 7). В четырех же случаях говорит о вредных, как основах (1 Тим. 6, 20), так и последствиях (1 Кор. 8. 1, 10, 11) знания. И в одном случае говорит о том, что знание упразднится (1 Кор. 13, 8).

Это чрезвычайно значительное утверждение апостола, в связи с общим отношением к проблеме знания всего Откровения Божия, приобретает исключительное значение для христианской гносеологической культуры. Христианская философия должна твердо очертить, осознать и исповедать в мире свое отношение к мучительнейшей для ветхого человечества проблеме знания.

Как "земля и все дела на ней сгорят" (2 Петр. 3, 10) - пройдут сквозь огонь апокалиптического очищения, так и "знание" сгорит. Сгорят как солома бесчисленные построения ветхого человеческого ума. Развалятся, как дом, на песке построенный. Ибо должны подуть высшие ветры ведения и должны пролиться небесные воды недомыслимого постижения. И всякий дом, не на Камне (Христе) построенный - неизбежно и предопределенно падет. Говоря об этом, Евангелие (Мф. 7, 27) даже прибавляет, что это падение дома будет великим. Великим действительно будет падение всего человеческого знания, в великой гордыне своей противостоящего знанию Божьему, не вмещающему в себе (Ин. 8, 37) знание Божие.

Это знание Божие, "первою из тайн" которого "именуется чистота, достигаемая делом исполнения заповедей" (Ис. Сирин), есть Божественная жизнь в человеке: "хождение Бога в человеке", сотворенном именно для этого хождения в нем Бога, для этого знания Бога, и мира в Боге.

Это знание есть чистое, божественное, святое. Соль и венец жизни! Цветение духовного в "душевном".

"Безумствует человек в своем знании" - сказал пророк (Иеремия, гл. 10, 14). "Мои мысли - не ваши мысли, ни ваши пути - пути Мои, - говорит Господь. - Но как небо выше земли, так пути Мои выше путей ваших и мысли Мои выше мыслей ваших" (Исаия, 55,8,9).

Незнанием должно именоваться не только знание ложное, но и знание недостаточное, которое, если человек переоценит его, делается знанием ложным.

Переоценка же своего знания практически все время происходит в жизни человеческой, и потому человек все время вращается в кругу лжезнания. Но сознание этого может стать источником непрестанного умаления человека, пред Истиной, и тем открыть ему путь чистого ведения.

Это чистое ведение есть Божественная премудрость, о которой недостаточно говорить словами. Сам апостол прибегает к выражению предельной немощи человеческих слов: "мудрость Мира сего безумие пред Богом" (1 Кор. 3, 19). "Кто думает быть мудрым, будь безумным". Господь "избрал немудрое, чтобы посрамить мудрое". Ветхому миру мудрецов земных апостол противопоставляет людей новых: мудрых во

Христе (1 Кор. 4, 10). "Славлю Тебя, Господи, Отче неба и земли, что утаил сие от премудрых и разумных и открыл то младенцам" (Мф. 11, 25).

Слово христианское (то, которое имеет в себе "соль") "не в убедительных словах человеческой мудрости, но в явлении духа и силы" (1 Кор. 2, 4).

Вера (вход в Новую Жизнь) должна утверждаться "не на мудрости человеческой" (1 Кор. 2, 5). Откуда же такое недоверие к мудрости человеческой? Но это не только недоверие, это огненное отвержение всего ветхого круга знания, как внебожного бытия. "Еллины ищут мудрости"... (1 Кор. 1, 22). Кто такие эти - "еллины"? - Ветхая культура человеческая, ветхий, замкнутый в себя, отгораживающийся от живого Бога мир. Это - философия мира сего, мудрецов, "всегда учащихся и никогда не могущих дойти до познания истины" (2, Тим. 7)... Это - мучительно - мудрствующий и бесконечно возносящийся тленный век, имеющий у себя "только вид мудрости" (Колос. 2, 23).

Какая страшная сила слов отвержения ветхого - не приводящего к Богу знания. Безумным - не знающим - быть надо, чтобы чрез это распятие ветхого смысла, чрез эту смерть человеческого ничтожного глубокомыслия возродиться, возникнуть в новый мир Премудрости Божией.

Борьба с похотью мира сего завершается отвержением и похоти знания.

Мир взорвется не преображенным знанием. Погибнет от своей плотской науки, не уравновешенной, не освященной чистым знанием духа. То, что могло быть благословением, будет проклятием для человечества. Развязанная сила материи обрушится на развязывателей и сомнет их. В эти минуты, ангелы будут жать плоды покаяния и молитв.

В мире науки и философии произойдет и происходит уже то, что и во всех областях ветхой жизни: "Будут двое на поле: один берется [в Царство Божие], а другой оставляется; две мелющих на жерновах: одна берется, а другая оставляется".

Учительство

"Я пришел для того, чтобы имели жизнь, и имели с избытком".

(Ин. 10,10.)

Если трудно учить, то еще труднее учить учительству. Ибо учительство есть и великий грех, и величайшее добро.

Учительство грех, потому что: "и не называйтесь наставниками, ибо Один у вас Наставник - Христос" (Мф. 23, 10). И - "Братья мои, не многие делайтесь учителями, зная, что мы подвергнемся большему осуждению" (Иак. 3, 1).

Учительство - добро, потому что "кто сотворит и научит, тот великим наречется в Царствии Небесном (Мф. 5, 19) и - "Как прекрасны ноги... благовествующих благое" (Рим. 10, 15).

Творить и учить трудно. Трудно блаженство учительства, и трудно избавление от его греха. Учащий уподобляется Богу. Неправильно (ненадлежаще, и не в надлежащем духе) учащий уподобляется идолу и диаволу. В этом крест истинного учительствования, и его слава.

Евангелие есть Слово, направленное не к ученикам только, но и к учителям, ибо ученик Божий есть учитель человеков. Жить по Христу, - это значит непрестанно учить всех и научаться чрез всех и от всего. Жить по Христу, - непрестанно учить себя.

Учение истине - других, есть лишь возрастание учения себя.

Кто евангельски учит себя (являет любовь Божию к себе), может учить и других. Правильно учащий себя - изливается правильностью сердца своего, и учения своего на других. Ибо других видит частицами себя. И им изливает свое познание любви. Им излучает свое познание правды; и словами, и делами, и молчанием, и молитвой.

В любящем, все - учит; ничто не пребывает в покое, все изливается, излучается, приобщается ко всему, и все приобщает своей любви.

Учительство Христово есть осоление Мира - чрез людей. Людей - друг чрез друга.

Лживое учительство, есть сеяние плевел (Мф. 13, 25) - горькой травы зла и неведения.

Сеяние учения равно сеянию хлеба. Слово небесное сеется через слово человеческое. Слово человеческое есть вид зерна; слово Божие есть сила жизни в зерне. Форма должна сгнить, и слово человеческое должно стереться. Сила Божия, оплодотворявшая слово человеческое, дает плод. Суд над словом есть молчание, в котором все истинное зреет и растет (митр. Филарет).

Слово О духе должно быть словом духа. Иначе оно будет ложно.

Слово истины - проволока тонкая, по которой дух Божий востекает к сердцу человека и изменяет сердце. "Вы уже очищены через слово, которое Я проповедал вам" (Ин. 15, 3).

"Я, - говорит Господь - испытующий сердца" (Апок. 2,23).

"Вера от слышания" (Римл. 10, 14). Вера есть изменение естества; не убеждение, а изменение естества; не убеждение, а изменение и претворение человека. Слух же и слово - проводники веры к сердцу - от другого сердца.

Мир полон различными колебаниями и волнами. Положительное и отрицательное движение духа совершается за порогами нашего сознания, и только отчасти улавливается опытом нашей жизни (Евангелие - о траве, невидимо, однако же заметно растущей. Мк. 4.26-29).

Учительство есть горение и излучение правды, все равно, скрытое или открытое ("Нет ничего тайного что бы не стало явным"). Истинное учительство зреет с сокровенным сердца человеком, (1 Петр. 3, 4), и не утаивается ни от людей, ни от ангелов. (От людей - иногда, от ангелов - никогда; и потому всегда есть сила для мира и его спасение). Блажен подвиг проповедников Слова, "проповедующих на кровле" (Мф. X, 27); блажен подвиг и безмолвного скитания, в ущельях земли (Евр. 11, 38) святых отшельников. Их свет учит и греет миллионы людей...

"От избытка сердца глаголют уста" (Мф. 12, 34). Что такое этот избыток сердца?... Влага ядовитая имеет ядовитое испарение. Благоухающая, - благоухает своим испарением. Духовное содержимое сердца не может утаиться, оно просвечивает сквозь человека, льется из глаз, сходит с языка, со всех движений и черт.

В сокровенной внутренней жизни человека накапливаются энергии, добрые или злые. Добрые, столь же не могут жить в одном сердце со злыми, как вода с огнем. Либо огонь уничтожает воду, либо вода заливает огонь. Их борьба есть мучение человеческого сердца. Мучение исчезает лишь при победе злого или доброго, и человек либо успокаивается во зле и самоволии, становится (по-сатанински) "выше добра и зла" (Ницше), либо находить покой Господень - благословенную "субботу" свободы от страстей и похотей. Первое "успокоение" есть выражение духовной смерти; второе - жизни во Христе.

Всякий человек имеет свое содержимое сердца. Над очищением сего содержимого надо непрестанно работать человеку, дабы увидеть Господа, дабы осязать Господа руками своими. Блаженство сего обещано чистым сердцем (Мф. 5, 8). Огонь Духа должен испарить из сердца все воды, капли и пену страстей (греховных самоволий). Вода Крещения должна угасить все "разженые стрелы лукавого" (Эфес. 6, 16), огонь похоти и греха.

Дабы единое высшее естество восцарствовало в сердце, оживотворяя его огнем святыни, и прохлаждая водами Высшей жизни.

Вода жизни подменивается, в злом сердце, мертвой водой, и огонь славы горней подменивается огнем геенны. Вода греха и смерти сжигается огнем любви евангельской, и огонь геенны угашается водами благодати.

Но пока не совершилось это воскресение человека (уже в сей жизни), идет борьба за вечную жизнь: радость и мучение человеческое.

"Избыток сердца" есть излучение данного (в сей миг) содержания сердца. Избыток надо хранить, не являть его. В этом закон первичной духовности человека. Надо управлять своим "избытком", уметь его удерживать. Злой надо удерживать, и испепелять. Добрый надо удерживать - хранить, как нечто драгоценное, сокровенное, нектарное, исчезающее - при неосторожном и неблагоговейном обращении.

Вода благодати дастся тому, кто умеет сохранить. Огонь духа небесного вручается тому, кто умеет не только его мудро открывать в Мире, но и загораживать его руками своими от больных глаз мира.

"Избыток" свой благодатный надо хранить, как зеницу ока сердечного, тысячекратно более тонкого, чем внешнее, глядящее на временные явления мира.

Непроизвольно показывают обычно люди зло свое. Хотят скрыть, и - не могут. Пусть и обнаружение добра всегда идет этим путем. И тогда будет являться истинный избыток. Если сами станем открывать добрые "избытки" свои - откроем сердце неутвержденное свое, и - поранимся (Мф. 7, 6). Если станем скрывать сердце, - откроем избыток, в той мере, в которой скрыли сердце... Ибо Господь уже будет являть Свой избыток любви чрез наше, умершее для своей правды сердце. Чуден и тонок этот закон; блаженно его применение. Видишь его на скромных, на совестливых, на не знающих своей правды, но сияющих своей правдой людях.

Явно учит лишь тот, кто умеет учить тайно. Тайно просвещать себя, тайно отражать свет Божий в мире.

"Пусть левая рука твоя не знает, что делает правая" (Мф. 6, 3), "Помолись Отцу твоему втайне" (Мф. 6, 6)... Смотрите, не творите милостыни вашей пред человеками, да видимы будете ими (т.е. ради этого) (Мф. 6, 1)... "Подобно Царствие Божие горчичному семени, которое меньше всех семян (в мире земных явлений) (Мк. 6, 3031). Тайное отношение к окружающему миру, сокрытие в Господе. Поручение себя и дел своих Всевышнему.

Старцы оптинские по большей части обличали прикровенно (под видом какого-нибудь рассказа или события из их личной жизни). Таинственное вразумление - самое острое, "рассекающее" человека. Слово Божие только то рассекает нас, которое наиболее непосредственно, т.е. не принудительно и остро входить в нашу душу. Мы ищем убеждения, не насилующего нашей свободы, а всякое слово человеческое тащит нас; лишь одно Слово Божие (хотя бы и в слове человеческом) - зовет нас, являя свою любовь. Слово же человеческое уговаривает и принуждает.

Бог Живой есть величайшая свобода и милование. Этого милования исполнены мы должны быть, и тогда слово наше будет учить и освобождать.

Явное учительство есть свидетельство; или, иначе сказать, - мученичество. Мученик по-гречески означает "свидетель", и свидетель (истины Божией в мире) есть всегда мученик. Ибо преодолевать ему надо терние собственного сердца и шипы диавола, и всего мира. Свидетельство есть явное учительство в мире. Истина должна проникнуть до последней сферы мира, на самые дальние его волны, объять слух и голос, воздух, дыхание и язык. Когда мы свидетельствуем (явно говорим истину Божию в мире и о мире), мы говорим не только тому человеку, которому говорим в данную минуту, но и всему миру: ангелам и человекам, солнцу, воздуху, Земле и небу... Ибо истина, высказанная звуком голоса человеческого, проходит все небеса (Рим. 10, 18) и, увеселяя ангелов, ложится у Престола Божия, как некое семя, долженствующее воскреснуть в Последний день. Безмерно ценно это исповедание слова, свидетельство Истины, чрез грешного человека в мире грешном! Истинно, кто не постыдится Христа, Сына Божия (Его правды, Его чистоты), того и Сын Человеческий не постыдится, когда придет по славе Своей, - "со святыми ангелами" (Лк. 9. 26), добавляет Евангелие. Ибо ангелы - свидетели наших слов.

Истину можно говорить лишь "от избытка сердца". И нельзя слышать об Истине "без проповедующего" (Римл. 10, 14). Но, "как проповедовать, если не посланы?" (Римл. 10. 15)... Слышать мир должен истину Божию - от себя же, от своих уст, от уст людей грешных... "Твоими устами буду судить тебя, лукавый раб" (*Лк. 19, 22*). Оттого ангелы на земле молчат, а человеки посылаются. Их сердцу дается "избыток", и этот избыток дает им силу свидетельства. Свидетельствовать же можно лишь о том, что "видели очи", что "осязали руки" (*1 Ин. 11*). "О Слове Жизни". Сердце должно осязать, сердце должно видеть Христа. Только такое свидетельство принимается на судах Божьих и человеческих.

О смехе

Есть два смеха: светлый и темный. Их сейчас же можно различить по улыбке, по глазам смеющегося. В себе его различить можно по сопровождающему духу: если нет легкой радости, тонкого, мягчащего сердце веяния, то смех - несветлый. Если же в груди жестко и сухо, и улыбка кривится, то смех - грязный. Он бывает всегда после анекдота, после какой-нибудь насмешки над гармонией мира. Искривляемая гармония мира искривляет душу человека, и это выражается в кривлении черт лица.

"Горе вам, так смеющимся ныне, ибо восплачете". ("Лк. 6, 25). Заплачете! Потому, что увидите, что приложили радость не к тому, к чему можно приложить, но к тому, что достойно муки.

"Благостная улыбка", есть зеркало найденной гармонии. Святые улыбаются не смеясь. Смех, как полнота чистой радости, есть состояние будущего века. Блаженны плачущие ныне, ибо вы воссмеетесь. Аскетический опыт осветления и преображения человека советует даже улыбаться, не открывая зубов (лучше немного меньше радости, чем хотя бы самая мимолетная нечистота в ней!).

"Анекдотический смех", которым смеются в кинематографах, театрах, на пирушках и вечеринках, которым легко осмеивают ближнего, смеются над слабостями и над достоинством человеческим, над совестью его и над грехами, для увеселения и для забвения печали, без смысла, и тщеславно смеша других, все это - болезнь духа. Можно сказать даже точнее: это - симптом болезни духа.

В мире духов живут нечистые духи; они видны бывают на лицах "закатывающихся" смехом... Ангельская радость озаряет лицо улыбкой.

Добрым смехом бесшумно развеять можно скопившиеся тучи злобной спорливости, ненависти, даже - убийства... Хорошим смехом восстанавливается дружба, семейный очаг.

"Едкий" смех - не от Бога. Язвительная улыбка, сарказм остроты, это - пародия на евангельскую соль мудрости. Пародия, искривляющаяся в улыбке.

"Острота" слова всегда взрезывает душу. Но острота - будучи даже одинаковой у двух ножей - хирургического и разбойничьего - производит совсем разное действие. Одна, взрезывая, пропускает свет небесный и теплоту Духа, или вырезает гноение, обрезает мертвость; другая - безблагодатная острота - режет, кромсает душу и часто убивает.

Остры только святые, и только святое остро. Грязные же духи пародируют остроту, и много людей в мире изощряется в "высказывании себя" чрез эти остроты.

Предел духовной нечистоты смеха: "гомерический хохот" - гоготание... Такой смех настигает людей недалеко от обильных трапез.

Блюдущий себя, благоговеинствующий пред тайной своей жизни, будет блюсти как всю свою жизнь, так и свой смех. Даже свою улыбку он соблюдет пред Богом. Все будет у него - помощью невидимых хранителей его - чисто и ясно.

Святые светили миру и плачем своим, и улыбкой. Как дети. Ибо только у детей - и у подлинно верующих во Христа людей - есть чистота жизни, видимая телесными глазами, даже в чертах лица.

Просто и чисто все у детей, еще не коснувшихся тленного духа. Смерть еще не выявилась в усмешке их смертной природы, им дана весна жизни, как начаток и как воспоминание рая; и вот, они чисто смотрят, чисто смеются, нелукаво говорят, легко плачут, легко забывают свой плач...

"Если не обратитесь и не будете как дети, не войдете в Царствие Небесное"... Ясно - почему.

Высшая похвала человеку, сказать: "У него детский смех"... смех непорочный, близкий к райской гармонии.

О похищении

"Огонь пришел Я низвесть на землю..."

Лк. 12,49.

Тайна беззакония Прометея не в том, что он похищает огонь, а в том, что он похищает. Желание восхитить и обогащаться восхищенным, это - обнаружение первозданной гармонии мира (возможности обладания всем), и - его разрушенной любви.

Похищать никому ничего нельзя, ибо тот, кто похищает, не имеет единства с тем, у кого похищает.

Достигший же любви обладает всякой вещью, не похищая ее. Это есть Царство Божие. "Ничего не имеем, и всем обладаем" (2 Кор. 6, 10).

Всякий похититель чужого, потому беззаконен, что не может сделать это чужое - своим... Лишь через любовь подчиняются вещи человеку. Потому, в мире надо просить ("Просите и дано будет вам"... Мф. 7,7); потому в мире надо давать ("Давайте, и дастся вам"... Лк. 6,38).

Похищают всегда чужое, ибо своего похитить нельзя. Свое только можно дарить и свое только можно брать. Это - закон Нового мира.

"Не укради", - продолжение "не убий" - закон Воссозидания, закон Любви. Крадущий убивает жизнь, и свою, и того, у кого крадет...

"Таковы пути всякого, кто алчет чужого добра: оно отнимает жизнь у завладевшего им" (Прит. 1, 19).

Если нет единящей любви, чужое всегда остается чужим, и поистине "отнимает жизнь". И будет свидетельствовать (жечь!) на Страшном Суде.

Мир, данный человеку от Бога и передаваемый человеком человеку, есть озарение и великое тепло жизни... Мир, похищенный человеком и похищаемый у человека, есть огонь геенский.

Похищение малого или большого, вещественного или духовного, делом или желанием, есть грех к смерти, - ибо против Любви, Жизни.

Лишь любовь, не похищая, делает все своим. А свое похитить уже нельзя.

Всякий похищающий - похищает огонь с неба...

Всякий любящий имеет этот огонь. Ибо его свести на землю пришел Господь.

Любовь и доверие

Можно ли человека любить и ему не доверять? Можно. Истинная любовь к человеку совсем не означает обоготворения всех его качеств, и преклонения пред всеми его действиями. Истинная любовь может замечать и недостатки человека, столь же остро, как и злоба. Даже еще острее. Но любовь, не как злоба, а по своему, по любовному относится к недостаткам человека. Любовь бережет и спасает человеческую душу для вечности; злоба же топит, убивает. Любовь любить самого человека; не его грехи, не его безумие, не его слепоту... И более остро, чем злоба, видит все несовершенство этого мира.

Подвиг прозорливости духовной: - видеть все грехи людей и судить все зло и, при этом, не осудить никого... Только свыше озаренный человек способен на такую любовь.

Да, можно любить, и - не доверять. Но, не есть ли доверие признак души открытой, и не есть ли открытость свойство любви? Нет, любовь - шире открытости. И без открытости души, в этом мире, может быть любовь... Старец Амвросий Оптинский или Преподобный Серафим любили людей пламенной любовью, и, в Духе, служили им. Однако, не всем открывались, и открывались мало; хранили душу свою от людских взоров, проникая своим взором в души людские. Духовник на исповеди совсем не открывает своей души исповедующемуся. Но душа истинного духовника открыта - не обнаружением, но любовью; и через любовь обнаруживается в мире.

Старец не всегда и не всем открывает все, что знает от Бога. Но, сообразуясь с состоянием каждого, к каждому подходит соответственно.

Мать, которая не все, что приходит ей на мысль, говорит своему ребенку, не по нелюбви скрывает, но по любви не доверяет, а являет именно ребенку свою любовь, скрывая от него все ему неполезное, до чего не дорос он еще, чего не может принять в свое незрелое тело, и в свою незрелую душу.

Неискренность, не непосредственность, не простота, как и "недоверчивость", - могут быть благими... Врач не все открывает больному, начальник - подчиненному, учитель - ученику.

Состояние и возраст, вместимость и приготовленность определяют предмет и истину, являемую в мире.

Кораблю подобна человеческая душа. Корабль имеет подводную часть, и душа должна иметь свое невидимое для мира сознание. Не "подсознание", но укрываемое, - ради блага истины - сознание. Злое утаивать надо, чтобы никого не замарать. Доброе утаивать надо, чтобы не расплескать. Утаивать надо ради пользы всех. Скрывание душой своего зла иногда бывает необходимостью духовной; скрывание своего добра почти всегда бывает мудростью и праведностью.

Не всякая "не прямота" есть неправда; и не всякое "недоверие", есть измена последнему доверию.

Последнее доверие можно иметь лишь к Богу Триединому, и ко всем Его законам и словам. Недоверие же к себе есть всегда мудрость, и всякое подлинное, положительное недоверие, по любви, к другим есть продолжающееся святое недоверие к самому себе... Ибо не волен бывает, подчас, в своих делах и словах человек, мятется во зле, и сам не отдает себе в этом отчета.

"Не во всем доверять себе"... - это имеет глубокий и спасительный смысл. Свой опыт, свой ум, свое сердце, своя мысль, свое настроение... все это шатко, бедно и неопределенно; здесь нет абсолютного предмета для доверия... А от недоверия ко всему шаткому проистекает всесовершенное и безграничное доверие к Богу Триединому.

Ближним, столь же нельзя доверять (и столь же можно!), как себе; а себе - лишь по мере своей согласованности с Откровением Божьим, с волей Христовой, открытой в мире, и открывающейся в душе.

Лишь духовным отцам и руководителям - истинным и испытанным - во Христе, можно всецело доверять себя, более, чем себе, и предавать свой слух и свою душу во имя Бога.

Ближний же мой, друг мой, есть лишь частица меня

самого (ибо он частица всего человечества, коего я - частица). Следствия первородного греха, страсти, - присущи и ему, и мне. Конечно, в разной мере и в различных оттенках, но как он, так и я - мы имеем основание - не доверять своей, пока еще двойственной природе и не преображенной воле. Мы действуем, почти всегда, "по страсти", с примесью греховного, а не "бесстрастно"; не свободно - во Христе.

Я, действительно, изменчив, непостоянен; колеблюсь различными "приражениями" лукавого и чистота глубины души моей, то и дело замутняется поднимающимся со дна ее илом. Ближний мой так же изменчив как я, и столь же способен на доброе, как и на злое.

Я нуждаюсь в постоянной проверке себя, и ближний мой - так же. Я должен без устали проверять свои действия в мире: "по Богу ли" они? Проверки требует не только злое, но и "доброе" мое, ибо злое часто бывает очевидно, тогда как доброе лишь кажется "добрым", а на самом деле бывает злым. Впрочем и злое нуждается в проверке; и злому нельзя "доверять", по первому признаку "злого". Людям потемненным (каковы мы) и хорошее представляется плохим, если оно сопряжено с болью, тягостью и оскорблением нашего самолюбия.

Не о злой подозрительности здесь речь, а о благом творческом недоверии к себе, и ко всему, что окружает нас в мире.

Грех нам представляется, почти всегда, чем-то "сладким"; - не нужно доверять этой сладости, ибо она есть горчайшая горечь и страдание. Страдание же (напр., в борьбе за чистоту тела и души) представляется невыносимым и отвратительным; не нужно доверять и этому выводу; за благим страданием следует мир, который превыше всякой радости.

Люди много, и, часто, подолгу говорят, и как будто идеи их должны служить благу; но, сколько неверного, соблазнительного и - пустого льется из их уст. Не нужно доверять всем словам людей... Люди часто сами страдают за те слова, которые они сами сказали, и раскаиваются в них.

Да, не все, что исходит от человека (даже при самых

благородных его намерениях!) есть благо. Многое бывает ненужно, напрасно, греховно, и таковым является не только для того, кто это ненужное - изводит, но и для того, кто его неосторожно принимает.

Углубляя свою любовь к людям, никогда не надо забывать, что все люди больны, и необходимо жить среди них в постоянном трезвении, не только в отношении себя, но и в отношении всех окружающих... Лишь при первом, бывает плодоносно последнее.

Не к самому человеку надо, конечно, иметь недоверие, но к данному его состоянию. Степень доверия следует всегда менять, соразмерно состоянию просветленности человека в Боге. Если человек, которого мы любим, и кому всегда до сих пор доверяли, вдруг, явится пред нами нетрезвые и начнет нам давать какие-нибудь советы... исчезнет ли наша любовь к этому человеку? Если мы глубоко его любим, любовь наша не исчезнет, и даже не ослабится. Но доверие исчезнет, не только к словам, но и к чувствам этого человека, пока он в таком состоянии.

Опьянение вином реже бывает у людей, чем опьянение какой либо иной страстью: гневом, злопамятством, похотью, деньголюбием, славолюбием... Страсти как вино действуют на разум и на волю человека и извращают всю его душу. Опьяненный какой-либо страстью не владеет собой, перестает быть самим собой, делается "игралищем бесов"; даже тот, который в свободное от страсти время бывает исполнен подлинной глубины и чистоты Христовой, посколь она возможна в пределах нашей земной, личной и наследственной греховности.

Более светлому состоянию человека принадлежит и более совершенное доверие... Например: я хочу произнести Слово, или - принять Св. Тайны, но чувствую, что душа моя полна смятения и страсти... Я должен в этом случае поступить по Евангелию, т.е. оставив свой дар у жертвенника, пойти помириться с душою, "с моим братом"; иначе сказать - умиротвориться, войти в небесную жизнь. Вот образец праведного и благого недоверия себе, во имя Христовой любви к самому себе. Эгоистическая любовь моя, напротив, желала бы презреть, не заметить моих недостатков и сочла бы душу мою "достойной", неправедно доверила бы ей, и позволила бы ее греховному состоянию излиться на мир, или безпокаянно приблизиться к Богу, к Его горящей купине Дозволила бы, - не по заповедям Божьим (которые суть: "изуй сапоги твои", т.е. греховное состояние души) а по своеволию... И опалился бы я непреложными законами Божьей чистоты.

Несомненно, что я должен беспристрастно относиться к себе и к другим. Но не будет ли это значить, что я "творю суд", над кем-нибудь, вопреки Слову: "не судите, да не судимы будете"? Нисколько. Рассуждение есть признак выхода человеческой души из дурного ее младенчества. Рассуждение это - "мудрость", про которую сказано: "будьте мудры, как змии". Рассуждение есть венец любви, и Св. учители Церкви даже - о тайна! - считают его выше "любви", выше, конечно, "человеческой", неразумной, часто даже погибельной - любви. Рассуждение есть небесная мудрость в жизни, духовный разум любви, который не отнимает, ее силу, но дает ей соль.

"Не мечите бисера вашего... " - это не отсутствие любви (Слово Божие учит лишь одной любви!), но мудрость любви, знание высших законов неба, изливающегося на весь греховный мир, но не смешивающегося ни с чем греховным.

"Не мечите бисера вашего... " - есть заповедь о недоверии в любви, заповедь, ведущая к любви, оберегающая любовь.

"Да приидет Царствие Твое, да будет воля Твоя"... Я постоянно хочу осуществить в себе, и во всем, эту любовь; - упразднить "царство свое", и открыть - Божие. Не доверять, не принимать ничего "своего", "человеческого", греховного, и полугреховного... Открыть свой слух и свое сердце (всю его глубину!) лишь Божьему, чистому, светлому... "Да приидет Царствие Твое"! Я - до смерти - не хочу успокоиться в алкании его - во всем. Я молюсь, и не холодно слетает слово это с уст моих, оно исторгается из всего существа моего, и заставляет меня томиться, как в пустыне.

Сладок Суд Божий, совершающийся в моем сердце, над моим сердцем... Сладостно мне Пришествие Христово. Я встречаю Господа везде. Не везде является мне Господь, но я встречаю Его, в каждом слове, и каждом дыхании... В разговорах, намерениях и действиях человеческих.

Я хочу лишь Его. И ненависть хочу иметь ко всякой и не Его правде. Я все хочу лишь в Нем, без Него мне ничего не надо, все мне бесконечно тяжело и мучительно. Он свет сердца моего. Я бы не сделал ничего доброго, если бы знал, что это доброе Ему не угодно. Я знаю всегда - и ночью и днем - что Он близ меня; но не всегда я слышу Его горячее дыхание, ибо не всегда я сам устремлен к Нему и хочу Его более всего другого. В этом своем переживании я чувствую такую немощь, такую слабость и нищету, что ни в чем земном не могу успокоиться, ничто не может поддержать меня. Лишь Он, сказавший: "Мир Мой даю вам"...

О милосердии над миром

Был человек, желавший - как многие - оправдать себя. Он спросил у Христа Иисуса: "Кто мой ближний?" И Спаситель рассказал ему притчу...

Шел странник из Иерусалима в Иерихон, и был схвачен разбойниками. Они сняли с него одежду вероятно, единственное его достояние - и, избив, оставили на дороге.

Вслед за этим бесчеловечьем следует другое, может быть, еще худшее: идущие той же дорогой люди равнодушно проходят мимо этого лежащего, истекающего кровью человека. "Прошел мимо" священник. Левит поступил еще хуже: "подошел", "посмотрел", полюбопытствовал, как страдает и умирает человек, и пошел своей дорогой. В лице этих двух людей мимо израненного человека прошло как бы все несострадательное человечество. Одна половина этого человечества ранила его и бросила умирать на дороге; другая проходит равнодушно мимо его страданий.

Иоанн Златоуст справедливо сказал: "Богатые и сытые, равнодушно взирающие на голодных и нищих и не помогающие им, равны убийцам". Конечно, равны преступникам и те, которые, имея возможность помочь хотя бы одной жертве преступлений этого мира, проходят мимо человеческих страданий, занятые одним своим благополучием.

В простых словах Христос, знающий сердца людей, открывает всю глубину мрака, сгустившегося над человечеством, и показывает главный грех всех времен и народов: не милосердие. И когда, вникая в эту истину, мы начинаем ужасаться кромешной тьме нравственного человеческого сознания - тихая небесная заря - милосердие - восходит над землей. И за нею видно само Солнце Божественной Любви - Христос.

Проезжал тем же путем около Иерихона Самарянин некто и, увидев на дороге окровавленного человека, сжалился над ним. Вот всё, что произошло: сжалился над ним. Всё другое было только следствием этого: один человек сжалился над другим человеком. Свершилось близкое ко всем чудо, через которое самый грешный и слабый человек делается причастником Божественной силы, правды и славы.

Жалость двигает больше, чем каменными горами, - она двигает каменными сердцами. "Истинно говорю вам, если кто скажет горе сей: "Поднимись и ввергнись в море", и не усомнится в сердце своем, но поверит, что сбудется по словам его, - будет ему, что ни скажет" (Мк. XI, 23). Это слова Христа. Жалость в мире - есть чудо. Каменные горы передвигать с их места никому не надо. Истинное чудо есть жалость.

Бог хочет этого чуда, жалости одного человека к другому. Тут сила высшей жизни. Истинное милосердие всегда просто и деятельно. Оно есть воля, готовая на всякий труд, сердце, соглашающееся перенести всякую скорбь ради любви.

Истинное милосердие деловито. Оно соединяет в себе небо и землю, и помогает не только в чувствах и намерениях, но - сейчас же тут, на этой сухой, пыльной земле меж Иерусалимом и Иерихоном.

Таковым именно было милосердие Самарянина, о котором рассказал миру Христос. Продуманная заботливость его показывает глубину его жалости. Подойдя к лежащему на дороге раненому, он тотчас "перевязал ему раны", смягчив их маслом, промыв вином, и, "посадив его на осла, привез в гостиницу и позаботился о нем". Так говорит Евангелие.

После этого милосердный Самарянин мог бы уехать с чистой совестью. Но нет - "на другой день, отъезжая, вынул два динария, дал содержателю гостиницы и сказал: "Позаботься о нем". Казалось бы, теперь уже все сделано им. Но совесть этого человека продолжает быть неудовлетворенной: он обращается к хозяину гостиницы и говорит ему: "Если издержишь что более, я, когда возвращусь, отдам тебе". Какое излучение истинной человечности.

Ведь все могут поступать "так же"... Много и сейчас в мире около нас людей, израненных грехом, оскорбленных злом этого мира, лежащих и страдающих на разных дорогах. И можно помочь им.

Я вижу эту небольшую каменную гостиницу милосердного Самарянина на дороге меж Иерусалимом и Иерихоном. Это малый дом, в нем никто не обитает, но его знают все паломники Святой Земли... Дорога пустынная вьётся среди гор, спускаясь к Иерихону. Вокруг - мертвые горы. Это сердца. Кого? Древних? Современных людей? Это наши каменные человеческие сердца, Господи. И они алчут воды Твоей Милости и готовы ответить на воду Твою цветами и травами.

Малый дом стоит близ дороги. Приходят сюда люди всех стран и народов и видят эту притчу, которую слышат от Христа. И слово пустынной дороги, мертвых каменных гор, и этот малый дом, говорящий народам о милосердии, - все остается как Божественный зов среди мира к человечности человека, к любви и жалости.

Ищите добра...

"Братья, вразумляйте бесчинных, утешайте малодушных, поддерживайте слабых, будьте долготерпеливы ко всем. Смотрите, чтобы кто кому не воздавал злом за зло, но всегда ищите добра и друг другу и всем"... Так говорит в последней главе своего послания к Фессалоникийцам апостол Павел. Ясны слова эти, просты, немногосложны, но сколько в них света, сколько добра и правды.

Трудно живется нам, людям, - от нашего зла человеческого и от следствий его. Человек страдает, прежде всего, от того зла, которое живет в нем самом, а потом и от того зла, которое живет в других людях. Зло, как снежный ком, увеличивается, если ему не противопоставлять добра, если его не растапливать лучами добра и милосердия. И в других людях, и в себе самих мы побеждаем холодное, темное зло только сияющим, согревающим Христовым добром. Это Христово добро может быть иногда гневным, свято негодующим, обличающим зло, - оно и должно быть иногда таким огненным, но оно никогда не будет нести зла под маской добра. Таково свойство того состояния духовного, о котором говорит апостол. Нам нужно, прежде всего блюсти свою душу и хранить ее в мирном духе; и если мы уже этого достигли, будем помогать душе другого человека - быть в добре.

Чтоб излечить другую душу человеческую, нам надо знать на своей душе действие того средства лекарственного, которое мы предлагаем. Лекарство Христовой правды, Христова добра испытано уже в веках, в, двух тысячелетиях, испытано на всех характерах и во, всех народах мира. Это дивное лекарство имеет необычайную силу, если его принять "внутрь", ввести в сердце свое и в ум свой... Вот одна из драгоценных капель этого лекарства: "Братья, вразумляйте бесчинных, утешайте малодушных, поддерживайте слабых, будьте долготерпеливы ко всем. Смотрите, чтобы кто кому не воздавал злом за зло, но всегда ищите добра и друг другу и всем".

Некоторые, желая оправдать таящееся в них зло, ссылаются на свой "характер". Но характер формируется и складывается от свободных человеческих реакций на окружающий мир. Делающий добро другим: людям приобретает прекрасный характер; и это есть лучшая его награда уже в этом мире. А в будущем мире он будет одного духа с Самим Богом и с мириадами существ спасенного в Боге творения. Делающий же зло и потакающий злу других приобретает ужасный характер и становится бичом и несчастьем для окружающих, и для своей семьи, для своего народа. "Лиха беда начало", - говорит русская пословица. Стоит лишь начать оправдывать в себе проявление и вспышки зла, как развращение души пойдет само собою и ее гибель последует.

Нравственный характер взрослого человека - это то, что человек сотворил и творит сам с собой. Душа - земля. Человек - земледелец своей души. Если в земле душевной сеется слово Божие, слово Правды и любви Христовой, то плод бывает сладкий, радостный, для самого человека и его окружающих. Если же человек сеет в душе своей плевелы зла, то вырастут сорные, ядовитые травы духа, которые будут мучить и самого человека, и других людей.

Душу еще можно уподобить глине, человека же - скульптору. Скульптор лепит из глины образ человеческий. Так сам человек лепит из своих душевных качеств и способностей или образ человеческий, или звериный.

Делая какое-либо зло, человек не только впрыскивает в свое сердце смертельный яд, но и брызжет этим ядом на других людей, иногда на самых близких... Но при посторонних людях человек обычно неохотно показывает себя с дурной стороны; дорожа мнением о нем других, он хочет, чтобы о нем все всегда думали хорошо. В привычной же домашней обстановке он являет свой настоящий лик и мучает своих близких... Скрытое зло или явное - остается всегда злом, и человеку надо от него избавиться как можно скорее. Как? Прежде всего чрез осознание высшего смысла своей земной жизни, ее великого бессмертия в Боге и ее краткости на земле; чрез познание Евангелия и Иисуса Христа; чрез обращение к Его правде. Христос открывает настоящее и вечное Спасение людям... И, благодатью Своей, вводит в это спасение. "Я свет миру, - говорит Он. - Кто последует за Мною, тот не будет ходить во тьме, но будет иметь свет жизни (Ин. VIII, 12). Если будем ходить в этом свете, те станем сынами света; темное зло потеряет над нами свою власть, и мы перейдем от власти тьмы в Царстве возлюбленного Сына Божия" (Кол. 1, 13) Иисуса Христа. И будем светильниками, озаряющими ночь скорби и в жизни других людей. Мы будем во Христе, утешением для печальных исцелением для израненных злом мира.

Слабость и сила человека

Апостол Иаков так обратился к людям, слишком самоуверенным в своих человеческих планах: "Теперь послушайте вы, говорящие: сегодня или завтра отправимся в такой то город и проживем там один год и будем торговать и получать прибыль, вы, которые не знаете, что случится завтра: ибо что такое жизнь наша? Пар, являющийся на малое время и потом исчезающий. Вместо того, чтобы говорить: если угодно будет Господу, и живы будем, то сделаем то или другое, вы, по своей надменности, тщеславитесь: всякое такое тщеславие есть зло" (Иак. IV).

Казалось бы, это совершенно бесспорная истина, проверяемая на опыте каждого человека и каждого дня., - жизнь на земле есть "пар, являющийся на малое время". Можно ли строить слишком расчетливо жизнь на этом "паре"? Пар долго не держится, как и земная жизнь. Однако, расчеты человеческие обычно ведутся именно таким образом. В твердом убеждении своей прочности и непоколебимости, человек строит свою жизнь, борется, планирует, - не видя всей шаткости своей в мире, зависимости от непредвиденных обстоятельств, а за ними - всегда и во всем - от Бога. Бог есть хозяин видимого и невидимого бытия, настоящего и будущего (которое есть для нас уже мир невидимый). Мы, люди, так часто "тщеславимся" в своих планах и намерениях! И, вместо того, чтобы говорить, как советует апостол: "если угодно будет Господу, и живы будем, то сделаем то или другое", мы сразу, безапелляционно и самоуверенно говорим, что мы это - обязательно сделаем, то - построим и выполним, того мы непременно победим и одолеем... "Всякое такое тщеславие есть зло"; ибо им мы Господа Бога устраняем из мира, и так как Господь Бог есть истинный Хозяин всего, то мы сами себя лишаем его помощи и благословения. Да, слишком часто люди выражают эту неосновательную мысль, что их жизнь, успех и удача зависят только от них самих; и многие в мире даже хвалятся этим. Но таковые воззрения всё время рушатся пред глазами всего мира; "неожиданные" болезни наступают на людей; стихийные бедствия, землетрясения, физические и психические - войны, от которых все страдают; быстрое разрушение, казалось бы, налаженных семейств и целых обществ, гордых правящих партий и могущественных государств; "преждевременные" (как люди выражаются) смерти, находят на человечество, невзирая на возраст людей, и льется поток людской чрез край этого мира - в вечность. Поколения за поколением исчезают и история прошлых веков остается, как сон, иногда, как кошмар человечества; старые и молодые люди отходят в безвестную даль, уходят неожиданно для окружающих, среди своих планов и начатых дел... Логика человеческих расчетов рушится всё время. И нет вычислений, посредством которых можно было бы предвидеть будущий час и день каждого человека. Жизнь всех сохраняется лишь в Промысле Творца, и пределы каждого определяются только Им.

Но человек всё легкомысленно повторяет свое старое заблуждение, которое было замечено и так хорошо выражено почти 20 веков назад: "сегодня или завтра отправимся в такой то город, и проживем там один год"... и т.д. Неизменность житейской логики! Постоянство физических феноменов смены дня и ночи, прилива и отлива, всегдашняя горячность огня и холодность льда, - увлекает поверхностную мысль человека к выводу, что и его "завтра" и "послезавтра" с несомненностью и логичностью физических законов вытекают из его "сегодня"... Эту неосновательную мысль и ложную веру в постоянство и прочность земных ценностей и феноменов надо заменить истинной верой, в то, что люди, всегда и во всем зависят прежде всего от решений святой и великой воли Господней. "Если угодно будет Господу, и живы будем, то сделаем то или другое", - вот непогрешительная формула, относящаяся к нашему будущему, не только личному, но и всего человечества. Если мы вытесним, хотя бы немного, из своего сознания это неестественное отношение к жизни вытекающее только из

31

нашего самомнения и самоуверенности, - мы сейчас же увидим всю невозможность и неразумность построений своего будущего только на таком песке, или лучше сказать паре, каковым является наша человеческая воля и наша физическая жизнь, - "Ибо что такое жизнь ваша, - пар, являющийся на малое время и потом исчезающий... "

Но вот, что удивительно: при всей своей слабости и смертности, человек есть, одновременно, и удивительная сила. Не физическая, не материальная, духовная; огромная, духовно-созидательная, или огромная духовно-разрушительная сила. Человек покоряет горы и океаны, хозяйничает в недрах земли, утверждает свою власть над воздухом, строит быстро и столь же быстро разрушает многое. Будучи физически слабее, недолговечнее и несовершеннее, во многих отношениях, животных и даже растений, он господствует над ними... Откуда у человека такая власть над миром, среди его ничтожества? Откуда у него такая сила над стихиями, среди всей паутинности его жизни? Ответ один - от духа, - от, невидимой, глазами его духовной сущности, драгоценной печати Высшего Разума в нем. Эту сущность и печать силы нездешней пытаются отрицать или выводить ее существование из материи; однако, сама энергия и сила этого отрицания, в материалистах, идет не от их материи, а от их духа, - пусть слепого и больного, но духа, носящего в себе печать высшего мира.

Апокалипсис мелкого греха

Но имею против тебя то, что ты оставил первую любовь твою.

Откр. 2,4.

Мелкий грех, как табак, до того вошел в привычку человеческого общества, что общество ему предоставляет всяческие удобства. Где только нельзя найти папирос! Везде можно найти пепельницу, повсюду существуют специальные комнаты, вагоны, купе - "для курящих". Даже не будет преувеличением сказать, что весь мир представляет собою одну огромную комнату, вернее один огромный вагон в межзвездных сферах: "для курящих". "Курят" - мелко-спокойно грешат все: старые и малые, больные и здоровые, ученые и простые... Преступнику перед казнью позволяют выкурить папиросу. Словно воздуху мало в земной атмосфере, или слишком пресный он, - надо создать себе какой то дымный, ядовитый воздух и дышать, дышать этим ядом, упиваться этим дымом. И вот все упиваются. До того, что "некурящий" - явление почти такое же редкое, как и "никогда не лгущий", или "ни над кем не возносящийся"... Табачный рынок - один из самых значительных в мировой торговле, и ежегодно миллионы людей трудятся для доставления возможности другим миллионам и миллионам - вдыхать едкий дым, овевать его наркозом свою голову и весь организм.

В природе ли человека мелко, наркотически грешить - "курить"? Странным представляется самый вопрос. В природе ли человека идти против природы? В природе ли наркотировать себя? Услаждение кокаином правительства запрещают, а табаком поощряют. Мелкие грехи человеческим законом дозволяются, в тюрьму они не приводят. Все повинны в них, и никто не хочет бросать в них камнем. Табак, как "маленький кокаин", дозволен, как маленькая ложь, как незаметная неправда, как убийство человека в сердце или в утробе. Но не то говорит Откровение Божие - воля Живого Бога. Господь не мирится ни с маленькой ложью, ни с единым убийственным словом, ни с одним, прелюбодейным взглядом. Маленькая травка беззакония столь же окаянна перед Господом, сколь большое дерево преступления. Множество малых грехопадений, несомненно, тяжелее для души человека, чем несколько великих, всегда стоящих в памяти, могущих всегда быть снятыми в покаянии. И святой, конечно, не тот, кто делает великие дела, но кто удерживается и от самых малых преступлений.

Против великого греха легче начать борьбу, легче возненавидеть его приближение. Известен случай с праведным Антонием Муромским. К нему пришли две женщины: одна сокрушалась о своем одном великом грехе, другая самодовольно свидетельствовала о своей непричастности ни к каким большим грехам[1]. Встретив женщин на дороге, старец велел первой пойти и принести ему большой камень, а другой - набрать поболее мелких камешков. Через несколько минут женщины возвратились. Тогда старец сказал им: "Теперь отнесите и положите эти камни точно в те места, откуда вы их взяли". Женщина с большим камнем легко нашла то место; откуда она взяла камень, другая же тщетно кружилась, ища гнезда своих мелких камешков, и возвратилась к старцу со всеми камнями. Прозорливый Антоний объяснил им, что эти камни выражают... У второй женщины они выражали многочисленные грехи, к которым она привыкла, считала их ни за что и никогда в них не каялась. Она не помнила своих мелких грехов и вспышек страстей, а они выражали безотрадное состояние ее души, неспособной даже к покаянию. А первая женщина, помнившая свой грех, болела этим грехам и сняла его со своей души.

Множество малых, недостойных привычек - тина для души

---

[1] "На исповеди часто неразумно свидетельствуют люди об этом же, не понимая, что не для самооправдания, но для самоосуждения они пришли"

человека, если человек утверждает их в себе или осознал как "неизбежное" зло, против которого "не стоит" и "нельзя" бороться. Вот тут-то и попадает душа в западню врага Божьего. "Я не святой", "я в миру живу", "я должен жить, как все люди"... - успокаивает себя ноющая совесть верующего человека. Человек, человек, конечно, ты не святой, конечно, ты "живешь в миру", и "должен жить, как все люди", и потому - рождайся, как все люди; умирай, как они, смотри, слушай, говори, как они, но зачем тебе преступать Закон Бога - "как они"? Зачем тебе нравственно так не благоухать, "как они"? Задумайся над этим, человек.

Как трудно сдвинуться душе с ложной, но привычной мысли. Психология атеистического мира сего так крепко въелась в психический мир современного человека, что в отношении греха и преступления против Божьих Законов почти все люди действуют одинаково - "по штампу". Самое же печальное, что зло внушило людям "требованиями природы" называть требования греха. Требование природы - дышать, в меру питаться, согреваться, уделять часть суток сну, но никак не наркотировать свой организм, бессмысленно привязываться к миражу, к дыму.

Ведь стоит только честно задуматься над этим вопросом, как зло само всплывает на поверхность совести. Но в том-то и дело, что современному человеку некогда задуматься над единственно важным вопросом касающимся не маленькой этой 60-70 летней жизни, но вечности ее бессмертного существования в новых, великих условиях. Поглощенный совсем неверно понимаемой "практикой", человек современный, погрузившись в свою практически-земную жизнь, думает, что он в самом деле "практичен". Горестное заблуждение! В минуту своей неизбежной (всегда очень близкой от него) так называемой смерти он воочию увидит, как мало практичен он был, сведя вопрос практики к потребностям своего желудка и совсем забыв свой дух.

А пока человеку действительно "некогда" задуматься над элементарными нравственными законами своей жизни. И, несчастный человек, сам страдает невыразимо от этого. Как ребенок, непрестанно касающийся огня и плачущий, человечество непрестанно касается огня греха и похоти, и плачет и страдает, но снова и снова касается... не понимая своего состояния духовной детскости, которая в Евангелии называется "слепотою", и есть действительная слепота сердца при наличии физических глаз.

Человечество само себя убивает чрез грех, и каждый человек так же. Обуреваясь, волнуясь злом, разнуздывая низшие инстинкты, человечество себе готовит страшную судьбу, как и каждый человек, идущий этим путем. Сеющие ветер - пожнут бурю. И вот над этим, над единственно важным - "некогда" задуматься... "Живи мгновеньем", "что будет, то будет" - отмахивается душа от самой истины, внутри ее говорящей, что надо ей войти в себя, сосредоточиться, осмотреть привязанности своего сердца и подумать о своей вечной участи. Творец мира велел заботиться человеку только о дне; мир велит заботиться только "о мгновении", погружая человека в море забот о всей жизни!

Тема о нравственно маленьком совсем не мелка. Здесь отражение апокалиптического упрека Божьего христианскому миру, что он "забыл первую любовь свою". Сколь чище и нравственно выше человека сейчас даже та пошатнувшаяся природа, из которой создано его тело. Как чист камень, готовый вопиять против людей, не воздающих славу Богу, как чисты цветы, деревья в своем чудном кругу жизни, как великолепно покорны Закону Творца звери в чистоте своей. Божья природа не курит, не наркотируется, не развратничает, не вытравляет Богом данного плода. Бессловесная природа учит человека, как нужно нести Крест послушания Богу среди всех бурь и страданий этой жизни. Нужно человеку задуматься над этим.

Некоторые думают, что все происходящее здесь, на земле, не будет иметь никаких последствий. Человеку с нечистой совестью, конечно, так приятнее думать. Но зачем обманывать себя? Рано или поздно придется увидеть ослепительную тайну чистоты мироздания.

Мы себя ощущаем как "жизнь"." Неужели же мы себя так мелко расцениваем и так неглубоко понимаем Того, Кто сотворил миры, чтобы думать об этой земной жизненной суете как о бытии человека? Мы гораздо более и выше того, что мы привыкли здесь, наг земле, считать не только своею жизнью, но даже своими идеалами. Но мы: зерно, положенное в землю. И потому нам сейчас не видна поверхность вселенной, та истинная картина природы, которая откроется Нашим глазам в минуту так называемой смерти, т.е. для всех весьма скоро.

Что такое смерть? Смерть - это совсем не гроб, не балдахин, не черная повязка на руке, не могила глине. Смерть - это, когда росток жизни нашей вылезет на поверхность земли и станет под прямые лучи Божьего солнца. Умереть и прорасти зерно жизни должно еще здесь, в земле. Это так называемое в Евангелии "рождение духом", "второе рождение" человека. Смерть же тела есть оставление ростком земли, выход из земли. Всякого человека, получившего хотя бы самую маленькую духовную закваску, хотя бы самую незначительную евангельскую жемчужину "внутрь себя", ожидает совсем не смерть, и даже - далеко не смерть. Для мертвых же духом, конечно, гробы, могилы, черные повязки - это все реальности. И их духу нельзя будет выйти на поверхность истинной жизни, ибо они на земле для себя, для грехов своих не умерли.

Как яйцо, мы закрыты от иного мира тонкой скор- лупой тела. И скорлупки наши бьются одна за другой... Блажен человек, который окажется живым, сформированным для будущей жизни организмом. Достойно плача состояние того, кто окажется бесформенной жидкостью... и еще даже может быть отвратительной по своему нравственному запаху!

Здесь, на земле, мы истинно в темноте духа, в "утробе" его. И неужели не преступно, находясь в таком состоянии, не готовиться к своему настоящему рождению, но считать свой мрак - либо идеальным предельно-радостным местом жизни (как считает оптимистический атеизм), либо непонятным местом бес смысленных страданий (как считает атеизм пессимистический)?

Физическим глазам смысл, конечно, не виден, но в него очень легко, более чем легко поверить, подумав над собой и над Евангелием. Об этом смысле кричит , вся природа; о нем начинает кричать всякая пробудившаяся душа человека.

Как бережно всем нам, "не-проросшим" людям, надо относиться друг к другу... Как нужно оберегать друг во друге это прорастание, этот выход на вольный воздух, под Божье солнце!

Человек страшной за все ответствен, и трудно теоретически вообразить себе несчастье того человека, который, атеистически прожив на земле "так, как будто ничего нет", вдруг очутится лицом к лицу реальностью, не только более яркой, чем эта наша земля, но даже превосходящей все наши понятия о реальности... Не об этих ли душах страдал Господь в Гефсиманском саду? Во всяком случае, и за них он принял страдание в Креста.

Если бы видимое небо не отделяло нас от неба невидимого, мы бы содрогались от тех несоответствий духа, которые существуют меж ангельской торжествующей церковью и нашей земной церковью, почти не воинствующих, дряблых человеческих душ. Мы бы ужаснулись и поняли бы ясно ту истину, которая нам сейчас непонятна: что сделал для нас Господь Иисус Христос и что Он делает для каждого из нас. Его спасение мы представляем себе почти теоретически, абстрактно. Но когда бы мы увидели, ,с одной стороны, белоснежные сонмы молниелучных чистых духов, огненных, пламенных, горящих невообразимой любовью к Богу и устремленных ко спасению всего творения, и, другой стороны, увидели бы землю с ее сотнями миллионов полу-людей, полунасекомых, с сердцами, устремленными только к земле, людей, пожирающих друг друга, самолюбивых, сластолюбивых, деньголюбивых, несговорчивых, одержимых прилипшими к ним темными силами, мы бы ужаснулись и вострепетали. И нам бы предстала ясная картина безусловной невозможности спасения "естественными" путями. Рассуждения оккультистов об эволюционном движении перевоплощающегося человечества ввысь нам бы показались, в лучшем случае, безумными. Мы бы увидели, что тьма над человечеством не редеет, но сгущается... И мы бы поняли, что сделал для людей Воплотившийся на их земле Творец. Мы бы увидели, как колоски даже с одним зернышком берутся небесными жнецами на небо, что малейшая искра Христова в человеке - как единое зернышко в колоске - уже спасает этого человека. Все темное зачеркивается, отсекается, берется одна только искра, и она становится вечной жизнью человека. Слава спасению Христову! Воистину, мы ничего не имеем в себе, кроме своего лежащего в прахе достоинства человеческого. И из этого праха мы возникаем благодатью Христовой и искрой уносимся в небо. Но уносимся, если зажглась в нас эта искра любви к Богу, если мы способны оттолкнуться душой от всего смертного в мире, способны заметить это смертное в малейшем, и так же оттолкнуть его от себя. Чуткость к малейшему в себе будет для нас показатель здоровья нашей души. Если атомы действительно заключают в себе точные солнечные системы, то это прекрасный пример органической однородности всякого греха: малого и большого.

Речь о необходимости отвержения даже самого мелкого греха приводит нас к самому важному вопросу человеческой жизни: вопросу о жизни после смерти.

Откровение Церкви утверждает, что не освободившаяся от той или иной страсти душа перенесет эту свою страсть в потусторонний мир, где ввиду отсутствия тела (до воскресения) невозможно будет эту страсть удовлетворить, отчего душа будет пребывать в непрестанном томлении самосгорания, непрестанной жажде греха и похоти без возможности ее удовлетворить.

Гастроном, только и думавший в своей земной жизни, что о еде, несомненно, будет мучиться после своей смерти, лишившись плотской пищи, но не лишившись духовной жажды к ней стремиться. Пьяница будет невероятно терзаться, не имея тела, которое можно удовлетворить, залив алкоголем, и тем немного успокоить на время мучающуюся душу. Блудник будет испытывать то же чувство. Деньголюбец тоже... Курильщик - тоже.

Легко сделать опыт. Пусть курильщик не покурит двое-трое суток. Что он будет испытывать? Известное мучение, смягчаемое еще всеми отношениями и развлечениями жизни. Но отнимите жизнь с ее развлечениями... Страдание обострится. Страдает не тело, но душа, живущая в теле, привыкшая через тело удовлетворять свою похоть, свою страсть. Лишенная удовлетворения, душа страдает. Так страдает, конечно, и душа богатого грешника, вдруг лишившаяся богатства, покоелюбца, лишившаяся покоя, душа самолюбца, получившая удар по самолюбию... Сколько самоубийств было на этой почве! Все это опыт, голый опыт нашей земной жизни. Уже здесь, на земле, мы можем проделывать опыты над своей душой. Следует каждому человеку быть дальновидным. Нужно оберегать свой дом от подкопа (Мф. 24, 43).

Чувствуя это, неужели можно спокойно предаваться страстям или даже делить их на серьезные и "невинные"? Ведь огонь все равно огонь - как доменной печи, так и горящей спички. И тот и другой мучителен для человека, касающегося его, и может быть смертелен. Нужно понять эту несомненную истину, что всякая страсть, всякая злоба, всякая похоть есть огонь.

Божий Закон заключил инстинкты тела человеческого в рамки, а волевой и раздражительной энергиям души дает истинное направление, чтобы удобно и легко шел человек к одухотворению. Как назвать того человека, который, понимая все это, спокойно и легкомысленно относится к своим страстям, извиняет их, усыпляя все признаки спасительной чуткости в своей душе.

Надо, прежде всего, перестать оправдывать свою похоть - даже самую малейшую, надо осудить ее пред Богом и самим собой. Надо взмолиться об избавлении, о спасении. Спаситель Господь называется спасителем не отвлеченно, но реально. Спаситель спасает от всех слабостей и страстей. Он избавляет.

Он исцеляет. Совершенно видимо, ощутительно. Исцеляя, прощает. Прощение есть исцеление того, что надо простить. Дается оно только алчущим и жаждущим этой правды. Просто хотящим, тлеющим в желании- своем, не дается исцеления. Горящим же, пламенеющим, умоляющим, стремящимся сердцем - дается. Ибо только такие способны оценить дар Божьего исцеления, не растоптать и возблагодарить за него, чутко охранить Именем Спасителя от новых искушений зла.

Конечно, курение - очень небольшая похоть, как и спичка - небольшой огонь. Но и эта похоть - духопротивна, и невозможно себе даже представить кого-либо из ближайших Господних учеников - курящими папиросы.

"Уничтожай малую похоть", - говорят святые. Нет такого желудя, который не заключал бы в себе дуба. Так и в грехах. Малое растеньице легко выпалывается. Большое требует специальных орудий для своего искоренения.

Духовный смысл курения и всех мелких "оправдываемых" противозаконий духа есть распущенность. Не только тела, но и души. Это есть ложное успокаивание себя (своих "нервов", как говорят иногда не вполне сознавая, что нервы - плотское зеркало души). "Успокаивание" это ведет ко все большему удалению от истинного покоя, от истинного утешения Духа. Это успокоение - мираж. Сейчас - пока есть тело - его надо возобновлять постоянно. После - это наркотическое успокоение будет источником мучительной плененности души.

Надо понять, что "срывающий", например, свою злобу - тоже "успокаивается". Но, конечно, лишь - до нового припадка злобы. Успокаивать себя удовлетворением страсти нельзя. Успокоить себя можно, лишь противостав страсти, удержавшись от нее. Успокоить себя можно, лишь понеся Крест борьбы против всякой страсти, даже самой мельчайшей, Крест ее неприятия в свое сердце. Это путь истинного, твердого, верного и - главное - вечного счастья. Поднявшийся над туманом видит солнце и вечно голубое небо. Поднявшийся над страстями входит в сферу мира Христова, неописуемого блаженства, начинающегося уже здесь, на земле, и доступного каждому человеку.

Миражное счастье - папироса. Такое же, как на кого-нибудь рассердиться, пред кем-нибудь погордиться, покрасить для людей свои щеки или свои губы, украсть маленький кусочек сладости - маленькую копеечку с церковного блюда Божьей природы. Не нужно искать таких счастий. Их прямое, логическое продолжение: кокаин, удар по лицу человека или выстрел в него, подделка ценности. Блажен человек кто, найдя такое счастье, оттолкнет его с праведным и святым гневом. Это царствующее в мире демоническое счастье есть блудница, вторгнувшаяся в брак души человеческой со Христом, Богом Истины и чистой блаженной радости.

Всякое утешение вне Духа Святого Утешителя есть тот безумный соблазн, на котором строят свои мечты устроители человеческого рая. Утешитель ~ один только Творческий Дух Истины Христовой.

Молиться духом, куря папиросу, невозможно. Невозможно проповедовать, куря папиросу. Перед входом в храм Божий откидывается папироса... но храм Божий - ведь это мы.

Кто хочет каждую минуту быть храмом Божьим - откинет папиросу, как всякую ложную мысль, всякое нечистое чувство. Отношение к маленькому душевному движению в себе - термометр горячности веры человека и его любви к Богу.

Можно себе представить такой жизненный пример: табак, как растение, не имеет в себе никакого зла (как и золотой песок, как и хлопок, из которого выделывается денежная ассигнация). Абрикос - Божье растение. Алкоголь бывает очень полезен организму человека в известные минуты и в известных дозах, ничуть не противореча духу, как умеренный чай или кофе. Дерево, материя, из которых делается мебель, все - Божье... Но теперь возьмем эти слагаемые в следующем сочетании: в мягком кресле развалился человек и курит гаванскую сигару, ежеминутно прихлебывая из стоящей около него рюмки абрикотина... Может ли этот человек в таком состоянии вести беседу о Живом боге - творить молитву Живому Богу? Физически - да, духовно - нет. Почему? Да потому, что человек этот сейчас распущен, его душа утонула и в кресле, и в гаванской сигаре, и в рюмке абрикотина. В эту минуту у него почти нет души. Он, как блудный сын Евангелия, скитается "в далеких краях". Так может человек потерять свою душу. Теряет ее человек все время. И хорошо, если и все время опять находит ее, борется, чтобы не терять, дрожит над душою своею, как над любимым младенцем своим. Душа - младенец бессмертия, беззащитный и жалкий в условиях окружающего нас мира. Как нужно прижимать к груди своей, к сердцу своему - свою душу, как нужно любить ее, предназначенную для вечной жизни. О, как нужно счищать даже малейшее пятнышко с нее!

Сейчас был представлен пример невозможности сохранить свою душу, сластолюбиво распределив ее по окружающим предметам: кресла, сигары, ликера. Пример взят особенно красочный, хотя бывают в жизни и еще более красочные. Но если взять не красочный, а серый, но того же распущенного духа, - все останется той же самой атмосферой, при которой меньшим грехом будет молчать о Христе, чем говорить о Нем. Вот где разгадка того, почему мир молчит о Христе, почему ни на улицах, ни в салонах, ни на дружеских беседах люди не говорят о Спасителе Вселенной, о Едином Отце мира, несмотря на множество людей, верующих в Него.

Не всегда перед людьми стыдно говорить о Боге; иногда перед Богом стыдно бывает говорить о Нем людям. Мир инстинктивно понимает, что в той обстановке, в которой он находится все время - меньше греха молчать о Христе, чем говоришь о нем. И вот люди молчат о Боге. Страшный симптом. Наводняется мир легионами слов, одержим язык человека этими пустыми легионами, и - ни слова, почти ни слова о Боге, о Начале, Конце и Средоточии всего.

Ибо сказать о Боге - это сейчас же обличить себя и весь мир. И если слово о Боге все же сказано, его трудно договорить до конца - и перед собой и пред миром.

Если у человека нет отвращения к своим маленьким грехам - он духовно нездоров. Если есть отвращение, но "нет сил" преодолеть слабость, значит, она оставляется до того времени, пока человек не проявит свою веру в борьбе с чем-нибудь более

43

для него опасным, чем данная слабость, а она оставляется ему для смирения. Ибо немало людей, на вид беспорочных, не пьющих и не курящих, но подобных, по слову Лествичника, "гнилому яблоку", то есть исполненных явной или тайной гордыни. И нет возможности смирить их гордыню, как только каким-либо падением. Но останется вне Царствия Божия и его законов тот, кто сам, по тем или иным соображениям, "разрешит" себе мелкие грехи. Такой человек, "усыпляющий" свою совесть, делается не способен преступить грань подлинной жизни духа. Он остается всегда подобен юноше, подходящему ко Христу и сейчас же отходящему от него с печалью, или даже иногда без печали, а просто чтобы... "покурить"!

Ригоризм и пуританство чужды евангельскому духу. Фарисейская праведность без любви - более темна в очах Божиих, чем всякий грех. Но и теплохладность христиан в исполнении заповедей - так же темна. Как фарисействующие, так и торгующие и курящие в храме Божьем - одинаково изгоняются из храма.

Ибо воля Божия есть "освящение наше" (1. Фее. 4, 3). Чуткая совесть сама изострит зрение для обнаруживания той чуждой пыли, которая лежит на ранах души.

Сын Божий и Сын Человеческий дал нам одну заповедь для жажды: "Будьте совершенны, как Отец ваш Небесный совершен есть". В ней Господь как бы говорит: Люди, Я не даю вам меры - определите ее сами. Определите сами меру вашей любви к чистоте Моей и вашего послушания этой любви.

Агония одиночества
(пневматология страха)

Но имею против тебя то, что ты оставил первую любовь твою.

Откр. 2,4.

Мелкий грех, как табак, до того вошел в привычку человеческого общества, что общество ему предоставляет всяческие удобства. Где только нельзя найти папирос! Везде можно найти пепельницу, повсюду существуют специальные комнаты, вагоны, купе - "для курящих". Даже не будет преувеличением сказать, что весь мир представляет собою одну огромную комнату, вернее один огромный вагон в межзвездных сферах: "для курящих". "Курят" - мелко-спокойно грешат все: старые и малые, больные и здоровые, ученые и простые... Преступнику перед казнью позволяют выкурить папиросу. Словно воздуху мало в земной атмосфере, или слишком пресный он, - надо создать себе какой то дымный, ядовитый воздух и дышать, дышать этим ядом, упиваться этим дымом. И вот все упиваются. До того, что "некурящий" - явление почти такое же редкое, как и "никогда не лгущий", или "ни над кем не возносящийся"... Табачный рынок - один из самых значительных в мировой торговле, и ежегодно миллионы людей трудятся для доставления возможности другим миллионам и миллионам - вдыхать едкий дым, овевать его наркозом свою голову и весь организм.

В природе ли человека мелко, наркотически грешить - "курить"? Странным представляется самый вопрос. В природе ли человека идти против природы? В природе ли наркотировать себя? Услаждение кокаином правительства запрещают, а табаком поощряют. Мелкие грехи человеческим законом дозволяются, в тюрьму они не приводят. Все повинны в них, и никто не хочет бросать в них камнем. Табак, как "маленький кокаин", дозволен, как маленькая ложь, как незаметная неправда, как убийство человека в сердце или в утробе. Но не то говорит Откровение Божие - воля Живого Бога. Господь не мирится ни с маленькой ложью, ни с единым убийственным словом, ни с одним, прелюбодейным взглядом. Маленькая травка беззакония столь же окаянна перед Господом, сколь большое дерево преступления. Множество малых грехопадений, несомненно, тяжелее для души человека, чем несколько великих, всегда стоящих в памяти, могущих всегда быть снятыми в покаянии. И святой, конечно, не тот, кто делает великие дела, но кто удерживается и от самых малых преступлений.

Против великого греха легче начать борьбу, легче возненавидеть его приближение. Известен случай с праведным Антонием Муромским. К нему пришли две женщины: одна сокрушалась о своем одном великом грехе, другая самодовольно свидетельствовала о своей непричастности ни к каким большим грехам[2]. Встретив женщин на дороге, старец велел первой пойти и принести ему большой камень, а другой - набрать поболее мелких камешков. Через несколько минут женщины возвратились. Тогда старец сказал им: "Теперь отнесите и положите эти камни точно в те места, откуда вы их взяли". Женщина с большим камнем легко нашла то место; откуда она взяла камень, другая же тщетно кружилась, ища гнезда своих мелких камешков, и возвратилась к старцу со всеми камнями. Прозорливый Антоний объяснил им, что эти камни выражают... У второй женщины они выражали многочисленные грехи, к которым она привыкла, считала их ни за что и никогда в них не каялась. Она не помнила своих мелких грехов и вспышек страстей, а они выражали безотрадное состояние ее души, неспособной даже к покаянию. А первая женщина, помнившая свой грех, болела этим грехам и сняла его со своей души.

---

[2] "На исповеди часто неразумно свидетельствуют люди об этом же, не понимая, что не для самооправдания, но для самоосуждения они пришли"

Множество малых, недостойных привычек - тина для души человека, если человек утверждает их в себе или осознал как "неизбежное" зло, против которого "не стоит" и "нельзя" бороться. Вот тут-то и попадает душа в западню врага Божьего. "Я не святой", "я в миру живу", "я должен жить, как все люди"... - успокаивает себя ноющая совесть верующего человека. Человек, человек, конечно, ты не святой, конечно, ты "живешь в миру", и "должен жить, как все люди", и потому - рождайся, как все люди; умирай, как они, смотри, слушай, говори, как они, но зачем тебе преступать Закон Бога - "как они"? Зачем тебе нравственно так не благоухать, "как они"? Задумайся над этим, человек.

Как трудно сдвинуться душе с ложной, но привычной мысли. Психология атеистического мира сего так крепко въелась в психический мир современного человека, что в отношении греха и преступления против Божьих Законов почти все люди действуют одинаково - "по штампу". Самое же печальное, что зло внушило людям "требованиями природы" называть требования греха. Требование природы - дышать, в меру питаться, согреваться, уделять часть суток сну, но никак не наркотировать свой организм, бессмысленно привязываться к миражу, к дыму.

Ведь стоит только честно задуматься над этим вопросом, как зло само всплывает на поверхность совести. Но в том-то и дело, что современному человеку некогда задуматься над единственно важным вопросом касающимся не маленькой этой 60-70 летней жизни, но вечности ее бессмертного существования в новых, великих условиях. Поглощенный совсем неверно понимаемой "практикой", человек современный, погрузившись в свою практически-земную жизнь, думает, что он в самом деле "практичен". Горестное заблуждение! В минуту своей неизбежной (всегда очень близкой от него) так называемой смерти он воочию увидит, как мало практичен он был, сведя вопрос практики к потребностям своего желудка и совсем забыв свой дух.

А пока человеку действительно "некогда" задуматься над

элементарными нравственными законами своей жизни. И, несчастный человек, сам страдает невыразимо от этого. Как ребенок, непрестанно касающийся огня и плачущий, человечество непрестанно касается огня греха и похоти, и плачет и страдает, но снова и снова касается... не понимая своего состояния духовной детскости, которая в Евангелии называется "слепотою", и есть действительная слепота сердца при наличии физических глаз.

Человечество само себя убивает чрез грех, и каждый человек так же. Обуреваясь, волнуясь злом, разнуздывая низшие инстинкты, человечество себе готовит страшную судьбу, как и каждый человек, идущий этим путем. Сеющие ветер - пожнут бурю. И вот над этим, над единственно важным - "некогда" задуматься... "Живи мгновеньем", "что будет, то будет" - отмахивается душа от самой истины, внутри ее говорящей, что надо ей войти в себя, сосредоточиться, осмотреть привязанности своего сердца и подумать о своей вечной участи. Творец мира велел заботиться человеку только о дне; мир велит заботиться только "о мгновении", погружая человека в море забот о всей жизни!

Тема о нравственно маленьком совсем не мелка. Здесь отражение апокалиптического упрека Божьего христианскому миру, что он "забыл первую любовь свою". Сколь чище и нравственно выше человека сейчас даже та пошатнувшаяся природа, из которой создано его тело. Как чист камень, готовый вопиять против людей, не воздающих славу Богу, как чисты цветы, деревья в своем чудном кругу жизни, как великолепно покорны Закону Творца звери в чистоте своей. Божья природа не курит, не наркотируется, не развратничает, не вытравляет Богом данного плода. Бессловесная природа учит человека, как нужно нести Крест послушания Богу среди всех бурь и страданий этой жизни. Нужно человеку задуматься над этим.

Некоторые думают, что все происходящее здесь, на земле, не будет иметь никаких последствий. Человеку с нечистой совестью, конечно, так приятнее думать. Но зачем обманывать себя? Рано или поздно придется увидеть ослепительную тайну чистоты мироздания.

Мы себя ощущаем как "жизнь"." Неужели же мы себя так мелко расцениваем и так неглубоко понимаем Того, Кто сотворил миры, чтобы думать об этой земной жизненной суете как о бытии человека? Мы гораздо более и выше того, что мы привыкли здесь, наг земле, считать не только своею жизнью, но даже своими идеалами. Но мы: зерно, положенное в землю. И потому нам сейчас не видна поверхность вселенной, та истинная картина природы, которая откроется Нашим глазам в минуту так называемой смерти, т.е. для всех весьма скоро.

Что такое смерть? Смерть - это совсем не гроб, не балдахин, не черная повязка на руке, не могила глине. Смерть - это, когда росток жизни нашей вылезет на поверхность земли и станет под прямые лучи Божьего солнца. Умереть и прорасти зерно жизни должно еще здесь, в земле. Это так называемое в Евангелии "рождение духом", "второе рождение" человека. Смерть же тела есть оставление ростком земли, выход из земли. Всякого человека, получившего хотя бы самую маленькую духовную закваску, хотя бы самую незначительную евангельскую жемчужину "внутрь себя", ожидает совсем не смерть, и даже - далеко не смерть. Для мертвых же духом, конечно, гробы, могилы, черные повязки - это все реальности. И их духу нельзя будет выйти на поверхность истинной жизни, ибо они на земле для себя, для грехов своих не умерли.

Как яйцо, мы закрыты от иного мира тонкой скор- лупой тела. И скорлупки наши бьются одна за другой... Блажен человек, который окажется живым, сформированным для будущей жизни организмом. Достойно плача состояние того, кто окажется бесформенной жидкостью... и еще даже может быть отвратительной по своему нравственному запаху!

Здесь, на земле, мы истинно в темноте духа, в "утробе" его. И неужели не преступно, находясь в таком состоянии, не готовиться к своему настоящему рождению, но считать свой мрак - либо идеальным предельно-радостным местом жизни (как считает оптимистический атеизм), либо непонятным местом бес смысленных страданий (как считает атеизм пессимистический)?

Физическим глазам смысл, конечно, не виден, но в него очень легко, более чем легко поверить, подумав над собой и над Евангелием. Об этом смысле кричит , вся природа; о нем начинает кричать всякая пробудившаяся душа человека.

Как бережно всем нам, "не-проросшим" людям, надо относиться Друг к другу... Как нужно оберегать друг во друге это прорастание, этот выход на вольный воздух, под Божье солнце!

Человек страшной за все ответствен, и трудно теоретически вообразить себе несчастье того человека, который, атеистически прожив на земле "так, как будто ничего нет", вдруг очутится лицом к лицу реальностью, не только более яркой, чем эта наша земля, но даже превосходящей все наши понятия о реальности... Не об этих ли душах страдал Господь в Гефсиманском саду? Во всяком случае, и за них он принял страдание в Креста.

Если бы видимое небо не отделяло нас от неба невидимого, мы бы содрогались от тех несоответствий духа, которые существуют меж ангельской торжествующей церковью и нашей земной церковью, почти не воинствующих, дряблых человеческих душ. Мы бы ужаснулись и поняли бы ясно ту истину, которая нам сейчас непонятна: что сделал для нас Господь Иисус Христос и что Он делает для каждого из нас. Его спасение мы представляем себе почти теоретически, абстрактно. Но когда бы мы увидели, ,с одной стороны, белоснежные сонмы молниелучных чистых духов, огненных, пламенных, горящих невообразимой любовью к Богу и устремленных ко спасению всего творения, и, другой стороны, увидели бы землю с ее сотнями миллионов полу-людей, полу-насекомых, с сердцами, устремленными только к земле, людей, пожирающих друг друга, самолюбивых, сластолюбивых, деньголюбивых, несговорчивых, одержимых прилипшими к ним темными силами, мы бы ужаснулись и вострепетали. И нам бы предстала ясная картина безусловной невозможности спасения "естественными" путями. Рассуждения оккультистов об эволюционном движении перевоплощающегося человечества ввысь нам бы показались, в лучшем случае, безумными. Мы бы увидели, что тьма над человечеством не редеет, но сгущается... И мы бы поняли, что сделал для людей Воплотившийся на их земле Творец. Мы бы увидели, как колоски даже с одним зернышком берутся небесными жнецами на небо, что малейшая искра Христова в человеке - как единое зернышко в колоске - уже спасает этого человека. Все темное зачеркивается, отсекается, берется одна только искра, и она становится вечной жизнью человека. Слава спасению Христову! Воистину, мы ничего не имеем в себе, кроме своего лежащего в прахе достоинства человеческого. И из этого праха мы возникаем благодатью Христовой и искрой уносимся в небо. Но уносимся, если зажглась в нас эта искра любви к Богу, если мы способны оттолкнуться душой от всего смертного в мире, способны заметить это смертное в малейшем, и так же оттолкнуть его от себя. Чуткость к малейшему в себе будет для нас показатель здоровья нашей души. Если атомы действительно заключают в себе точные солнечные системы, то это прекрасный пример органической однородности всякого греха: малого и большого.

Речь о необходимости отвержения даже самого мелкого греха приводит нас к самому важному вопросу человеческой жизни: вопросу о жизни после смерти.

Откровение Церкви утверждает, что не освободившаяся от той или иной страсти душа перенесет эту свою страсть в потусторонний мир, где ввиду отсутствия тела (до воскресения) невозможно будет эту страсть удовлетворить, отчего душа будет пребывать в непрестанном томлении самосгорания, непрестанной жажде греха и похоти без возможности ее удовлетворить.

Гастроном, только и думавший в своей земной жизни, что о еде, несомненно, будет мучиться после своей смерти, лишившись плотской пищи, но не лишившись духовной жажды к ней стремиться. Пьяница будет невероятно терзаться, не имея тела, которое можно удовлетворить, залив алкоголем, и тем немного успокоить на время мучающуюся душу. Блудник будет испытывать то же чувство. Деньголюбец тоже... Курильщик - тоже.

Легко сделать опыт. Пусть курильщик не покурит двое-трое суток. Что он будет испытывать? Известное мучение, смягчаемое еще всеми отношениями и развлечениями жизни. Но отнимите жизнь с ее развлечениями... Страдание обострится. Страдает не тело, но душа, живущая в теле, привыкшая через тело удовлетворять свою похоть, свою страсть. Лишенная удовлетворения, душа страдает. Так страдает, конечно, и душа богатого грешника, вдруг лишившаяся богатства, покоелюбца, лишившаяся покоя, душа самолюбца, получившая удар по самолюбию... Сколько самоубийств было на этой почве! Все это опыт, голый опыт нашей земной жизни. Уже здесь, на земле, мы можем проделывать опыты над своей душой. Следует каждому человеку быть дальновидным. Нужно оберегать свой дом от подкопа (Мф. 24, 43).

Чувствуя это, неужели можно спокойно предаваться страстям или даже делить их на серьезные и "невинные"? Ведь огонь все равно огонь - как доменной печи, так и горящей спички. И тот и другой мучителен для человека, касающегося его, и может быть смертелен. Нужно понять эту несомненную истину, что всякая страсть, всякая злоба, всякая похоть есть огонь.

Божий Закон заключил инстинкты тела человеческого в рамки, а волевой и раздражительной энергиям души дает истинное направление, чтобы удобно и легко шел человек к одухотворению. Как назвать того человека, который, понимая все это, спокойно и легкомысленно относится к своим страстям, извиняет их, усыпляя все признаки спасительной чуткости в своей душе.

Надо, прежде всего, перестать оправдывать свою похоть - даже самую малейшую, надо осудить ее пред Богом и самим собой. Надо взмолиться об избавлении, о спасении. Спаситель

Господь называется спасителем не отвлеченно, но реально. Спаситель спасает от всех слабостей и страстей. Он избавляет. Он исцеляет. Совершенно видимо, ощутительно. Исцеляя, прощает. Прощение есть исцеление того, что надо простить. Дается оно только алчущим и жаждущим этой правды. Просто хотящим, тлеющим в желании- своем, не дается исцеления. Горящим же, пламенеющим, умоляющим, стремящимся сердцем - дается. Ибо только такие способны оценить дар Божьего исцеления, не растоптать и возблагодарить за него, чутко охранить Именем Спасителя от новых искушений зла.

Конечно, курение - очень небольшая похоть, как и спичка - небольшой огонь. Но и эта похоть - духопротивна, и невозможно себе даже представить кого-либо из ближайших Господних учеников - курящими папиросы.

"Уничтожай малую похоть", - говорят святые. Нет такого желудя, который не заключал бы в себе дуба. Так и в грехах. Малое растеньице легко выпалывается. Большое требует специальных орудий для своего искоренения.

Духовный смысл курения и всех мелких "оправдываемых" противозаконий духа есть распущенность. Не только тела, но и души. Это есть ложное успокаивание себя (своих "нервов", как говорят иногда не вполне сознавая, что нервы - плотское зеркало души). "Успокаивание" это ведет ко все большему удалению от истинного покоя, от истинного утешения Духа. Это успокоение - мираж. Сейчас - пока есть тело - его надо возобновлять постоянно. После - это наркотическое успокоение будет источником мучительной плененности души.

Надо понять, что "срывающий", например, свою злобу - тоже "успокаивается". Но, конечно, лишь - до нового припадка злобы. Успокаивать себя удовлетворением страсти нельзя. Успокоить себя можно, лишь противостав страсти, удержавшись от нее. Успокоить себя можно, лишь понеся Крест борьбы против всякой страсти, даже самой мельчайшей, Крест ее неприятия в свое сердце. Это путь истинного, твердого, верного и - главное - вечного счастья. Поднявшийся над туманом видит солнце и вечно голубое небо. Поднявшийся над страстями входит в сферу мира Христова, неописуемого блаженства, начинающегося уже здесь, на земле, и доступного каждому человеку.

Миражное счастье - папироса. Такое же, как на кого-нибудь рассердиться, пред кем-нибудь погордиться, покрасить для людей свои щеки или свои губы, украсть маленький кусочек сладости - маленькую копеечку с церковного блюда Божьей природы. Не нужно искать таких счастий. Их прямое, логическое продолжение: кокаин, удар по лицу человека или выстрел в него, подделка ценности. Блажен человек кто, найдя такое счастье, оттолкнет его с праведным и святым гневом. Это царствующее в мире демоническое счастье есть блудница, вторгнувшаяся в брак души человеческой со Христом, Богом Истины и чистой блаженной радости.

Всякое утешение вне Духа Святого Утешителя есть тот безумный соблазн, на котором строят свои мечты устроители человеческого рая. Утешитель ~ один только Творческий Дух Истины Христовой.

Молиться духом, куря папиросу, невозможно. Невозможно проповедовать, куря папиросу. Перед входом в храм Божий откидывается папироса... но храм Божий - ведь это мы.

Кто хочет каждую минуту быть храмом Божьим - откинет папиросу, как всякую ложную мысль, всякое нечистое чувство. Отношение к маленькому душевному движению в себе - термометр горячности веры человека и его любви к Богу.

Можно себе представить такой жизненный пример: табак, как растение, не имеет в себе никакого зла (как и золотой песок, как и хлопок, из которого выделывается денежная ассигнация). Абрикос - Божье растение. Алкоголь бывает очень полезен организму человека в известные минуты и в известных дозах, ничуть не противореча духу, как умеренный чай или кофе. Дерево, материя, из которых делается мебель, все - Божье... Но теперь возьмем эти слагаемые в следующем сочетании: в мягком кресле развалился человек и курит гаванскую сигару, ежеминутно прихлебывая из стоящей около него рюмки абрикотина... Может ли этот человек в таком состоянии вести беседу о Живом боге - творить молитву Живому Богу? Физически - да, духовно - нет. Почему? Да потому, что человек этот сейчас распущен, его душа утонула и в кресле, и в гаванской сигаре, и в рюмке абрикотина. В эту минуту у него почти нет души. Он, как блудный сын Евангелия, скитается "в далеких краях". Так может человек потерять свою душу. Теряет ее человек все время. И хорошо, если и все время опять находит ее, борется, чтобы не терять, дрожит над душою своею, как над любимым младенцем своим. Душа - младенец бессмертия, беззащитный и жалкий в условиях окружающего нас мира. Как нужно прижимать к груди своей, к сердцу своему - свою душу, как нужно любить ее, предназначенную для вечной жизни. О, как нужно счищать даже малейшее пятнышко с нее!

Сейчас был представлен пример невозможности сохранить свою душу, сластолюбиво распределив ее по окружающим предметам: кресла, сигары, ликера. Пример взят особенно красочный, хотя бывают в жизни и еще более красочные. Но если взять не красочный, а серый, но того же распущенного духа, - все останется той же самой атмосферой, при которой меньшим грехом будет молчать о Христе, чем говорить о Нем. Вот где разгадка того, почему мир молчит о Христе, почему ни на улицах, ни в салонах, ни на дружеских беседах люди не говорят о Спасителе Вселенной, о Едином Отце мира, несмотря на множество людей, верующих в Него.

Не всегда перед людьми стыдно говорить о Боге; иногда перед Богом стыдно бывает говорить о Нем людям. Мир инстинктивно понимает, что в той обстановке, в которой он находится все время - меньше греха молчать о Христе, чем говоришь о нем. И вот люди молчат о Боге. Страшный симптом. Наводняется мир легионами слов, одержим язык человека этими пустыми легионами, и - ни слова, почти ни слова о Боге, о Начале, Конце и Средоточии всего.

Ибо сказать о Боге - это сейчас же обличить себя и весь мир. И если слово о Боге все же сказано, его трудно договорить до конца - и перед собой и пред миром.

Если у человека нет отвращения к своим маленьким грехам

- он духовно нездоров. Если есть отвращение, но "нет сил" преодолеть слабость, значит, она оставляется до того времени, пока человек не проявит свою веру в борьбе с чем-нибудь более для него опасным, чем данная слабость, а она оставляется ему для смирения. Ибо немало людей, на вид беспорочных, не пьющих и не курящих, но подобных, по слову Лествичника, "гнилому яблоку", то есть исполненных явной или тайной гордыни. И нет возможности смирить их гордыню, как только каким-либо падением. Но останется вне Царствия Божия и его законов тот, кто сам, по тем или иным соображениям, "разрешит" себе мелкие грехи. Такой человек, "усыпляющий" свою совесть, делается не способен преступить грань подлинной жизни духа. Он остается всегда подобен юноше, подходящему ко Христу и сейчас же отходящему от него с печалью, или даже иногда без печали, а просто чтобы... "покурить"!

Ригоризм и пуританство чужды евангельскому духу. Фарисейская праведность без любви - более темна в очах Божиих, чем всякий грех. Но и теплохладность христиан в исполнении заповедей - так же темна. Как фарисействующие, так и торгующие и курящие в храме Божьем - одинаково изгоняются из храма.

Ибо воля Божия есть "освящение наше" (1. Фес. 4, 3). Чуткая совесть сама изострит зрение для обнаруживания той чуждой пыли, которая лежит на ранах души.

Сын Божий и Сын Человеческий дал нам одну заповедь для жажды: "Будьте совершенны, как Отец ваш Небесный совершен есть". В ней Господь как бы говорит: Люди, Я не даю вам меры - определите ее сами. Определите сами меру вашей любви к чистоте Моей и вашего послушания этой любви.

56

I

Страх - агония человечества... Трудно до конца ее понять и совсем нельзя вылечить. Ее можно только исцелить небом или заглушить землею, затормошить суетою, прикрыть заботами; отвлечь только себя можно от этой муки различными стремлениями, планами, надеждами, краткими радостями земли или иной ее болью.

Страх, как ветер, встречает человека на всех путях его. Чего только не страшатся люди в мире! Отошедшие от своего доверия к Творцу, они строят свою земную жизнь, окруженные тревогами, опасениями, страхом и ужасом.

Перестав пребывать в раю сладкого Божьего доверия и своего доверия к Богу, люди стали мучительно всего бояться и весь мир пугать собою. Люди наполнили землю непрочностью и бедственностью, в которой живут непрестанно призываемые в иную, высшую жизнь, но почти не откликающиеся на нее. Утонувший в земле человек видит сейчас только черноту земли. И вся природа чувствует эту отлученность человека от высшей жизни и свободы, и мучает его, и боится его... Тернии окружили жизнь человеческую, и волчцы выросли на ее дорогах. Зло и страх стали жалить человека. Они могут его жалить только "в пяту" (Быт. III, 15), но в пяте, т.е. во внешних, периферийных чувствах и мыслях, сосредоточилась теперь вся земная жизнь, ниспавшая с высоты светлого Разума. И, поражаемый в свою жалкую пяту, человек стал изнемогать всею глубиной своего существа - так он слаб, лишенный Благодати. Как зверь, он трепещет и страшится всего, "Страх и трепет прииде на мя и покры мя тьма".

Утеряв свою первую любовь (Откр. 11, 4) и еще не научившись последней своей любви - во Христе, - человек озирался в своем огромном и холодном логовище мира и - страшился. Так началась его история, которая не изжита доныне человечеством. Он стал истаивать очами от опасности, от неверности своей жизни и жизни другого человека. Злые силы стали мучить его, влечь к себе, дарить ему свои призрачные наслаждения, а после бить его, наслаждаясь его беззащитностью и омраченностью. И человек привык к власти темных сил над собою. И стало его посещать новое чувство: радость быть злым и страшным для окружающих. И чем более он живет в своей злобной усладе ненависти к другому человеку, властности и гордости, тем более он страшится и опасается другого человека.

Таинственно и страшно рождение человека в мире. Страшен для человека переход из темной утробы мира в таинственную вечность. Страшна своей новизной и ответственностью каждая минута этой жизни. Но человек научился обманывать свой страх, прятать его, даже смеяться над ним; обманывать его, даже подчиняясь ему и принося ему жертвы, для получения большей легкости существования под его властью. Такова сущность древнего и современного идолопоклонства, культивирования искусственного сада жизни и мысли вне Бога... Человек обманывает себя, живя бездушно и бесстрашно.

Современный бег человечества, его интересов, его воображения и цивилизации, все ускоряющееся коловращение людей в пространстве и времени вырастает не только из социальной и культурной связи людей, но и из страшного одиночества человека в мире, от одиночества, которое человек хочет скрыть от себя и от других.

Древнее поклонение идолам и фетишам было уже явлением этого одиночества. Стремясь скрыть от себя и от других свое ничтожество и свою метафизическую наготу без Бога, человек строил и строит мир. Но даже в этом темном стремлении человека - скрыть от себя самого свою слабость и малость, кроется искра его свободы в выборе своего пути.

Не оценивший и не ценящий своего высокого достоинства и своей свободы быть сыном Божьим, человек должен теперь учиться этой свободе веры в Бога, любви к Богу и послушания Ему чрез всю боль своей нелюбви, своего неверия и непослушания. Оставаясь Божьей, до последней своей пылинки и травинки, земля стала суровой школой для человека. Благоуханная близостью к небесному миру, земля стала для человека суровым училищем Божьей правды. Внутреннее зло человеческой нелюбви к Богу сделалось и все делается внешней, физической и исторической обстановкой человека. Возникающее в душевной бездне и не омываемое покаянием, зло идет ранами, язвами и болезнями по телу земли. "Тернии и волчцы" Библии, которыми окружена наша жизнь, - это наши болезни, наши страхи, наши смятения и ужасы; они вползли, вбежали, влетели в мир внешний чрез внутренний мир человеческой души, содрогнувшейся и потрясшейся от своей измены Богу.

Историки древнего мира (как Fustel de Coulange - "La Cite antique") свидетельствуют о том нечеловеческом, "тоталитарном", темном страхе, которым двигалась и направлялась история древнего мира.

Во всех областях жизни люди были рабами своего темного страха, пока не был дан им новый страх - высокий страх святого закона. Творец излечивает людей страхом Своего Закона от страхов земли. Все омрачающееся и чего-то все время страшащееся на каждом шагу человечество может быть излечено от темного страха только новым страхом, высшим, светлым; уже не бессмысленным трепетанием пред ужасом жизни и рока, но страхом благоговения пред законом Творца и Его Духа, страхом нравственной ответственности за данные таланты истины и любви. "Изуй сапоги твои, ибо земля, на которой ты стоишь, свята есть".

После воплощения Логосу и пришествия в мир огня Духа вся земля (для высшего сознания человеческого) стала святою и грех человеческий среди земли приобрел еще большую отвратительность, является еще большим безумием, чем во времена одного Закона. Светлый страх пред горящим кустом великого Божьего совершенства есть начало последней мудрости человека: "Начало Премудрости - страх Господень". Словом Своей Истины Творец вырвал смертельную стрелу из жизни человечества и поразил зло этою же стрелою.

Освободив страх от его демонического яда, Дух Божий стал укреплять и возвышать этим страхом сердца людей. И, привыкшие к страху, как к своей жизни, люди стали питаться новым, высшим страхом, и возвращаться к Богу, к смыслу своей жизни, освобождаясь, от своих старых страхов. Страх оказался обезвреженным, преображенным, поднятым к небу...

Этот страх Божий способен к бесконечному возвышению и утончению, и выходит из сферы всякой боязливости. Оттого он не был отменен приходом на землю Богочеловека, принесшего миру Новый Завет, уже не страха, а бесстрашия любви. Страх остался в мире, как светлый нимб над огненным человеческим стремлением к Божьей Чистоте.

Человечество стало жить меж двух страхов: чистым, святым и темным, грешным, загораясь то одним, то другим страхом. Человек еще остался способен, рядом с возвышенными чувствами благоговения ангельского пред Именем Господа Сил, таить в себе и обнаруживать темный демонический страх - суеверия, самолюбия и эгоизма.

Глубокая душевная раздвоенность, многими людьми переживаемая и сознаваемая, может быть исцелена только очищением и освящением страха. Уничтожить в своих переживаниях всякий признак какого бы то ни было страха невозможно. Но можно возвысить свой страх. В этом совершается религиозное цветение человеческой личности.

Первый темный страх человека есть боязнь увидеть Бога. Это - всемирное постоянное прятанье Адамачеловечества от близости Божьей. "Наг есмь и скрылся". Так и по сей день человечество скрывается от Бога в своих делах, чувствах и желаниях.

Второй темный страх человека - это боязнь увидеть человека. Глубина антропологической правды раскрывается уже на первых страницах Библии:

"Вот... я скроюсь и буду изгнанником и скитальцем на земле, и всякий, кто встретится со мною, убьет меня" (Быт. V, 14). Это слова Каина после убийства брата.

Как страшится человек не найти Бога, так страшится он и

60

найти Бога, увидеть своего Спасителя внутри себя и внутри другого человека. Страшится иногда человек найти высшую человечность в себе и в брате.

"Где ты, человек?", - зовет Дух Божий все того же древнего библейского Адама, человечество. И каждый человек, сознательным - или бессознательным - движением души своей отвечает Богу: "Голос Твой я услышал в раю, и убоялся, потому что я наг, и скрылся" (Быт. III, 10).

Убегание от человека есть лишь второй этап ухода от Бога. Ушедшие от Бога, но еще не ушедшие от человека, близки к возвращению к Богу. Метафизически уход неверующего в Бога человека от другого человека есть последняя форма нравственного солипсизма, злокачественная опухоль человечества, развивающегося не в сторону Божественной истины, а в сторону своего собственного эгоистического существа.

Страхи злых служат злу. Страшится человек признать себя духом нищим и нагим. Осознавая же себя нагим, страшится обратить чело свое и вечность свою (человечность) к Богу. И, боясь этого, боится обнаружить где-либо, в мире или в своей жизни Бога. Так изгоняет сам себя человек от лица Божия во "тьму внешнюю", где "плач и скрежет зубов", безысходное страдание человечности, не желающей для себя умереть и воскреснуть в Боге.

Ужасом своего несоответствия Богу, иногда очень глубоко живущим, объясняется неверие человека, эта темная человеческая боязнь обнаружить у себя или где-либо в мире Бога. "Нет Бога!"... "Не может быть Бога в мире, где столько зла и страданий!" Ведь это уже есть знание о Боге, и уже трепет пред своим и мировым несоответствием Ему. В неверии есть ужас возможности встречи с Богом. Страх отодвигается, душа успокаивается неверием... Так только бегающая по земле птица пустынь страус прячет свою голову в песок, спасаясь от преследования. И так человек скрывается в пустоту от Творца.

Но мы видим в страхе падшего человека и райский ответ первого стыдливого целомудрия твари: "Господи, отойди от меня, ибо я человек грешный!" Так восклицает, охваченный стыдом и ужасом своей слабости и нечистоты, апостол Петр после явленной ему чудесно милости на Тивериадском озере. Здесь открывается уже не темное стремление бежать от Святого Святых, но ангельское скрывание себя от Него, по любви к Нему, от стыда за себя, за свою немощь и неподготовленность к этой встрече.

И человек в этом светлом ужасе уже носит в себе отсвет Рая, радость херувимов и серафимов, закрывающих лица свои от Солнца любви.

Всякому истинному покаянию присуще чувство святого сокрывания себя от Бога, которое показывает райскую природу человеческого покаяния как нахождения места своего духовного соответствия Богу. Светлый трепет блудного сына пред любовью Отца, сознающего, что он "не имеет права называться сыном", - это тот же страх, что и страх апостола Петра после чудесного улова рыбы на Галилейском озере.

Если бы наших человеческих сердец касался только такой страх! Но мы, люди, бываем либо бесчувственно-дерзки ко всему - к жизни и к смерти, к добру и к злу, либо чрезвычайно страшливы и пугливы, недоверчивы к жизни, к стихиям, к зверям и людям. И даже само бесстрашие наше часто является не признаком Вечной Жизни, в нас начавшейся, а только одним из выражений, нашего бесчувствия к тайнам жизни и ее святыням.

Не боящийся никаких трудностей жизни и смерти, самоуверенный человек вдруг бывает напуган одною возможностью получить выговор начальника, вызвать насмешку общества или, наоборот, не получить какого-либо отличия, удовлетворения самолюбию. Храбрые воины бледнеют от слова или взгляда слабой женщины. Темный страх всегда вызывается страстью. Этот страх есть всегда следствие неверной любви либо к миру, либо к другому человеку, либо к себе. Но бывает страх и от душевной пустоты, от потери человеком себя. Этим последним страхом испугался апостол Петр во дворе Каиафы, в присутствии Самого Христа спасителя. Жизнь готовый отдать за Христа, он (таково следствие самонадеянности) вдруг потерялся и испугался.

Среди своего темного страха современный человек похож на самого примитивного. Чего только не боятся люди! Жизнь современного человека, как и древнего, соткана из страхов, которые проносятся в его душе, как птицы, не всегда отражаясь на экране его сознания. Современный человек не осознает всех своих страхов. Но, если в его сердце нет полного мира, можно сказать, что страхи, эти дети его человеческих страстей, живут в его душевном доме.

Страхи входят в двери и окна человека, свистят в его замочных скважинах, наполняют все поры жизни, парализуют деятельность людей деятельных и возбуждают к деятельности недеятельных. Кто не бесчувствен, чего-нибудь да боится, иногда - многого. Правители и подданные, начальники и подчиненные, богатые и бедные, здоровые и больные. Каждый страшится по-своему... Несомненно, что, со всех сторон устрашаемый всяческими личными, общественными и мировыми привидениями, современный человек еще больший раб демонических страхов, чем древний язычник или наивный африканец наших дней.

Еще недавно множество людей, устрашенных авторитетом "науки", спешило отречься от высших ценностей своей жизни и культуры - от Творца, от вечного спасения своего, от Евангелия, от своей души... Разве это не был страх перед привидениями? Исчезли теперь эти детски-научные выводы прошлого столетия пред светом нового человеческого познания, пред новым словом науки, уже не противопоставляющей себя Богу, но скромно осознающей свои пределы.

Человека мучает собственное тело. Тело человеческое имеет свое собственное понимание счастья и горя, радости и печали. Телесные эмоции бывают для человека новым источником страданий и страхов - страхов тела и страхов уступить телу. Тело косно, настойчиво и грубо в отношении духа, оно имеет свою собственную психологию и волю. Оно наступает на дух человека, как лев; связанное духом, обращается в жалкого пса. Оно "от мира сего", и высших запросов человеческого духа не признает; его приходится принуждать к доброму делу, к молитве, к самоотвержению.

Тело "душевное" (1 Кор. 15, 44) страшится многого. Оно нередко дрожит, в то время как дух человека остается мирным и преданным в руки Божьи (опыт многих верующих людей во время воздушных бомбардировок) .

Человек страшится встретить самого себя, потому что найдя себя, человек может найти Бога. А Бога не хочет человек встретить. Оттого человек страшится своей великой глубины и убегает всю жизнь от малейшего углубления в себя. Весь бег его жизни, вся сутолока мира, вся динамика его цивилизации, с ее нивелировкой и стандартизацией жизни, ее развлечения и увлечения, заботы, планы и энтузиазм, словно изгоняют человека из Лица Божия и лишают человеческого лица. Но - "Камо пойду от Духа Твоего, Господи, и от Лица Твоего камо бежу?" Этого еще многие не понимают. Порыв неверующего или мало верующего человечества направлен к тому, чтобы бежать от своей глубины, от своей тишины, где скрыто райское блаженство, где Бог встречает человека. Бежит человек от духовного мира - куда? В порочный круг внешнего творчества, внешних задач, внешних отношений к людям, преходящих успехов, мгновенно возникающих, никогда не насыщающих радостей. И человек все более боится остаться наедине с самим собою. Он уже больше не смотрит на звезды, не задумывается в тишине над жизнью. Глубина его души, могущей вместить великую любовь Самого Творца, не радостное для него, но жуткое видение.

Человек боится глубины своего бессмертного "я", своей абсолютности, "способности на все": возможной бездны своего преступления и предельной своей самоотдачи Богу.

И во всем человек страшится боли своей, и неизвестного, как неожиданной боли. Страшится он и самого страха своего, ибо страх есть боль; и радости даже иногда страшится человек, ибо радость неверна и, уходя, приносит боль; человек может страшиться радостных своих надежд. Как глубок человек, так таинственно-безбрежен мир его духа; можно поистине сказать: такой дух, как человеческий, мог быть дан только бессмертному человеку.

Научная психопатология и психотерапия слишком отвлеченно (и потому неверно - вне критериев добра и зла) исследуют область бессознательного; оттого, даже в самых тонких своих анализах, не могут коснуться настоящих тайн жизни человека.

II

Светлые страхи рождаются от страха Божия. Благоговение, трепет веры и надежды входят в сердце человека острой болью и блаженством светлого страха.

Любящий волю Божию более своей жизни страшится сделать что-либо в мире "от себя", а не "по Богу", сделать что-либо так значит для него причинить себе мучения. И человек осторожно ходит и наполняет мир только благоуханным медом жизни. Человек ' страшится греха, но не как внешней, роковой силы, а как чего-то, созвучного своей слабости... "Не введи нас (нашу слабость!) во искушение" (во испытание), "не подвергай ее экзамену", просит Бога смирившийся человек... "На аспида и василиска наступиши и попереши льва и змия", - отвечает человеку Бог. Эту истину 90-го псалма знает верная Богу душа и не боится, ни тьмы мира окружающего, ни своей. Она боится лишь одного: страшно огорчить Любимого! Это - страх учеников Христовых. Человек тогда страшится уже не мучений своей неверности Богу, но потери этих мучений; страшится мирных и безболезненных для себя нарушений Божественной воли. Это - высший круг страха, вводящий в небесную гармонию духа и эту гармонию в человеке охраняющий. Светлый страх вдохновляет и живит человека своей мукой.

Окрыленный, подъятый этим страхом божествен ной

любви, человек обретает свободу от греха и освобождается от низших мучений страха.

Опыт "различения духов" (1, Ин. 41) есть опыт и различения страхов. Страх всегда вдохновлен каким-то духом. Темные страхи гнетут, обессиливают, убивают. Светлые страхи собирают душу, очищают, вводят в мир Святаго Духа.

Темный страх есть недостаток любви к Богу и к ближнему. Любящий перестает страшиться. ...Любовь побеждает страх (1, Ин. 4, 18). Как свобода движения побеждает скованность, так любовь побеждает страх. Чистая, сыновняя отданность человека Богу, или братская отданность сердца другому человеку, побеждает страх себялюбия, захолаживающий, леденящий сердце. Но это относится только к истинной любви. Неверная, движущаяся страстью или похотью любовь не знает бесстрашия; она не побеждает страха, но усиливает его, т.к. усиливает самость человека. Даже материнская любовь, одна из высоких и жертвенных любовей этого мира, лишь в одухотворении и возвышении к Богу себя и любимых побеждает естественный страх.

Полное освобождение от естественных и противоестественных страхов достигается только через "освобождение сына" - когда сын, т.е. Божий человек, освобождается в самой душе человеческой, и совершает это освобождение Сын Божий, "Освобождение сына" совершается чрез вытеснение из; человеческой души какой-либо страсти и тем самым связанного с нею страха. Иногда всех страстей и всех страхов. Тогда все тени уходят из души; и даже тени теней ее покидают.

Св. Иоанн Златоуст говорил, что для него ужаснее вечных мук было бы увидеть кроткий лик Господа Иисуса Христа, с печалью отворачивающийся от него... Вот психология истинной веры: страх огорчить любимого Господа, не принять с безмерностью духа Его безмерную любовь.

Ни Иоанн Златоуст, ни другие праведники не были, конечно, свободны на земле от страхов человека, "в мире живущего и плоть носящего". Спутник Павлов, Лука, говорит, что ангел, явившийся ап. Павлу на корабле, во время ужасной бури, сказал: "Не бойся Павел, тебе должно предстать пред Кесаря"... Несомненно, ангел из своего духовного мира видел, что у апостола был тогда и некий плотский страх. Мы видим далее, как, идя узником по Аппиевой дороге к Риму, престарелый апостол "ободрился", увидев тамошних братьев. Так человечно описание этой немощи апостола. И не раз он испытывал беспокойство. "Когда пришли мы в Македонию", "плоть наша не имела покоя, но мы были стеснены отовсюду: от вне - нападения, внутри - страхи "(11 Кор. VII, 5).

Ветер мира рябил и страхом поверхность этой до конца богопреданной души. Но он не помешал ее апостольскому делу. В этом и открывается сила Божия, действующая в преданной Богу слабости человеческой. Вся красота человека в том, что ничто не в силах удержать его от дела Божьего в мире. Мир ищет "сильных" и их рассеивает, как прах. Творец приближает к Себе "слабых" (в их собственном сознании), т.к. только правдиво осознавший себя слабым, нуждающимся в силе Божьей, человек может принять силу Божию.

Человек страшится умирать в Боге, до конца посвящать себя и все Богу. Но ему не надо пугаться ни мнимой великости своих усилий и жертв на путях к Богу, ни своих слабостей, ни страхов на этих путях. Чрез все эти бездны переносится человек силой Божьей, когда это надо для дела Божьего и человеческого в мире. А не надо, и человек вновь стоит у бездны своей, бессильный и блаженный в своем бесстрашном ничтожестве.

Верная и в желании верности пребывающая душа остается всегда в светлой настороженности, она боится не узнать воли Божьей или, зная ее, в чем-либо изменить ей. "Не введи нас во искушение", - молитва всех правдиво сознающих возможность своего невнимания, своей рассеянности, своего увлечения второстепенным и своего падения. Но чувство своей слабости у христианина никогда не переходит в inferiority complex[3].

---

[3] Комплекс неполноценности (англ.) (прим. ред.).

Наоборот, это чувство есть крыло веры, мужества и утверждения в Боге. Учитывая свою слабость, слабость всех вообще людей и паутинность всего мира, человек ни в чем не полагается ни на себя, ни на что-либо "от мира"; ни в чем земном не утверждает своей последней надежды, И в этом никогда не обманывается.

Сила "страха Божия" рождает в душе отталкивание от зла и влечение к правде. Живущий в свете страха Божия видит в своем сердце все тени. И чем больше вмещает в себе свет Христов, тем яснее видит малейшую свою неверность Богу и горячее ненавидит всякое приближение греха к своему сердцу, справедливо видя даже в малейшем грехе средостение меж Богом и собою. Это постоянное внимание к себе, и рождающаяся от познания движений воли своей светлая ненависть к себе совсем не похожа на ту ненависть к себе, на которую способен в отношении себя человек, любящий только самого себя. Есть евангельская ненависть к себе, и есть демоническая. Человек, живущий во зле, тоже способен подчас искренно ненавидеть себя, презирать и опасаться сам себя за недостаточное свое совершенство во зле. Убийца, устрашившийся, в совести своей, убить свидетелей своего преступления, способен презирать себя за такое "малодушие" и даже "каяться" в нем. Преступник, не сумевший скрыть следов своего преступления, может ненавидеть себя за этот промах. Таких нравственно-перевернутых людей, ходящих нравственно "вниз головою", змей зла жалит конечно, уже не "в пяту", а - в самую голову. Мы видим в мире людей, сознательно приучающих и даже принуждающих себя быть неприветливыми, грубыми, каменными и гордыми с другими людьми (даже иногда особенно с домашними своими); боится тогда человек иметь, или даже только показать, какое-либо участие к другому человеку. Развитие этого чувства и его техническая организация: современный концентрационный лагерь.

Особенно трудным становится нравственное состояние человека когда его душа, словно зараженная апокалиптической

68

"трихиной", включается в какое-либо коллективное зло мира. Тогда люди начинают ненавидеть друг друга и истреблять в силу внешних признаков крови, расы, класса, происхождения или в силу различных изменяющихся в мире идей. В коллективном зле нравственная извращенность имеет больше поводов для самооправдания, хотя самооправдание, психологически, не требует обычно никаких поводов.

Не верящий в мир вечных ценностей и реальностей духа, человек боится быть честным ("обеднеешь"), искренним ("посмеются"), правдивым ("обманут"), добрым ("будут эксплуатировать")... и т.д. Жизнь скрывается под коркой лицемерия, условности. Все делается двоящимся и полуправдивым. Над душами разливается инфернальный свет не от Солнца - Христа, а от фосфора человеческих мозгов и костей.

Вспоминаются большие ночные воздушные бомбардировки городов. Огромная фосфорическая пустыня мертвого света, нечеловеческих огней адских звуков и одновременно какой-то тишины, лунного безлюдья... Кто хотя бы раз видел нечто подобное, не забудет этого неживого света от "елок смерти", светящих над обреченным местом земли, блеска орудийных молний в зареве взрывов и пожаров. Таков свет мира, противосветящий Христову; это есть одновременно и суд над миром, экстериоризация его неистинных мыслей, желаний, - всех полуправд его жизни.

От многих душ в мире тянутся к небу темные струйки копоти страстей - гордости, алчности, злобы, зависти, вожделения. Эта копоть ежедневного бытия сливается над землей в огромное черное облако. Оно распростерто над человеческой жизнью и историей. От него идет по земле тень страха. Этой тени не видят только бесчувственные люди, опьяненные собою, или люди, объятые божественной любовью...

III

Главное страдание ушедшего от Бога человека есть самолюбие. Безблагодатное страдание рождается в кругу неосиянной Богом любви, пре-любви.

1. Любовь к неверной и ничтожной славе своей в мире,
2. любовь к неверным и быстро преходящим ценностям,
3. любовь к телесным наслаждениям и внешнему покою;

эти три пре-любви человеческие, соединяясь в одном круге, откидывают в мир люциферианскую тень страха.

"Душа горделивая есть раба страха; будучи самоуверенной, она боится всякого шороха и даже теней" (Лествица, Сл. 21, гл. 4). "Боязливость есть уклонение от веры в ожидании неожиданностей" (гл. 2). - "Хотя все боязливые тщеславны, - говорит св. Иоанн Лествичник, - однако же не все небоязненные смиренномудры", "и разбойники, и гробокопатели не боятся" (гл. 6).

Первую пре-любовь окружает страх бесславия, бесчестия или неполучения от людей желаемой чести. Это боязнь увидеть невнимание к себе, к своим способностям, талантам, совершенствам. В этом состоянии, как пьяницы вина, люди ищут одобрения себе и признания со стороны других людей, даже тех, к которым они совершенно равнодушны. Художник или политический деятель, свысока относящийся к "толпе" (себя из нее выделяющий), в то же время жадно ищет у этой толпы себе признания и поклонения, боясь не найти этого. От мнения других людей человек часто ставит в зависимость свою жизнь. Здесь одна из тяжких цепей общего рабства. Как идолы, одни люди постоянно ищут себе от других людей признания, почета, внимания и уважения. Не заботящиеся о славе Божией, остро заботятся о своей славе и чести. Различны степени и виды этого общечеловеческого, а лучше сказать, бесчеловечного вожделения, и страхов, с ним связанных. У правителей и политиков они выражаются в одном, у людей искусства в другом. В то время как истинные художники, литераторы и музыканты боятся только солгать в своем искусстве, не выразить его последней правды (таков страх и настоящих ученых), поверхностные деятели искусства боятся только неблагоприятной оценки своих произведений, отсутствия похвал и покупателей. Не поверхностной критики они боятся, а всякой критики, воспринимая ее как намеренное унижение их личности. Опьяненный страстью самолюбия и славолюбия становится врагом самому ценному и умному критику. Лишь возвышенное, бескорыстное ("аскетическое") отношение к искусству, обращение его на служение Богу, и Его правде в мире, сохраняет и спасает человеческую личность художника от разложения. Тончайшие ответвления славолюбия опускаются глубоко в подсознание человека, особенно находящегося, в силу своего дала, и наибольшей зависимости от мнения окружающих.

Всегда человек зависит, в той или иной степени, от жизни других людей; но задача и цель человека в мире состоит как раз в том, чтобы переходить из низшего плана зависимости от людей в высший. Человек призван быть в зависимости не от случайных взглядов, настроений и пристрастий человеческих, а от подлинной судьбы всякого человека, от той глубины его жизненного пути, которая только начинается на земле. На пути своем в вечность всякий человек может быть поддержан и укреплен другим. Здесь наша истинная круговая порука, цепь светлой нашей зависимости друг от друга.

Служение человеку (не его случайным мыслям, желаниям и слабостям) есть самая благородная и высшая форма зависимости от этого человека. Мы никогда не бываем независимыми в мире. Даже самая высшая форма презрения к окружающим, ницшеанская повесть о "сверхчеловеке", не появилась бы в мире, если бы не было этих "окружающих" автора и слушающих...

Зависеть от людей, служа им во всех формах и на всех путях жизни, есть путь подлинной славы человека, славы в Боге и вечности. "Не нам, не нам, а Имени Твоему, Господи, даждь славу!" - вот путь истинной человеческой славы. Чего тогда устрашится человек? Всякое неуважение к себе со стороны других, даже бесчестие, он примет с чистой и кроткой совестью на путях своего посильного и искреннего служения всем. Живя в мире, этот человек свободен от первого, главного соблазна - от любви к ничтожной, неистинной славе.

Искание этой славы змеится на многих устах и во многих глазах человеческих. Вдохновляют себя люди, на краткое время земной жизни, наркозом этой славы. "Пес, лижущий пилу, услаждается вкусом собственной крови, не понимая всего вреда, который он себе причиняет", - определяет св. Иоанн Лествичник тот вред, который люди приносят сами себе вожделевая неистинной славы в этом мире, забывая настоящую свою славу, приходящую только от Бога. И в области духовной, религиозной, человек не освобожден от искушения этой славы и страхов, с нею связанных. Здесь, в области самых высоких ценностей, дух славолюбия может приобрести особенно тонкое и неожиданно опасное выражение. Постоянное предупреждение, раздававшееся из уст Господа Иисуса Христа, книжникам и фарисеям, "садиться пониже" показывает, что в духовной области, не меньше, чем в другой, человек может легко найти пищу своему тщеславному "я", и устрашиться, что ненасытная природа этого "я" останется голодной и бедной. "Трубить пред собою", радоваться собою самим придуманной или миром подаренной славе, свойственно не только императорам, маршалам, политикам и художникам. Самая тонкая, по "гнилости" своей, слава подстерегает служителей Церкви, Божьих слуг, на их путях... Саломия, мать апостолов Иакова и Иоанна, устрашилась, что ее сыновья не получат в Царствии Божьем достаточно высокой (по-земному ею понимаемой) славы. Кланяясь Спасителю, она просила Его дать ее сыновьям место "по правую" и "по левую" Его сторону, когда придет Его Царство. "Не знаете, чего просите", - был ответ Спасителя, не только ей и своим ученикам, но и всем людям, боящимся не прославиться пред другими людьми этого мира.

Другая пре-любовь, порождающая демонический страх, есть страсть к богатству, деньгам, имениям, вещам... "Корень всех зол есть сребролюбие", иначе сказать, ненасытное вожделение материального. Тут рождается один из самых острых страхов, терзающих человечество. Страх потерять или не приобрести. Они рождаются от убийственных для души чувств скупости и алчности. Скупые страшатся потерять то, что они имеют; оттого боятся поделиться кратковременным своим имуществом; алчные страшатся не воспользоваться возможностью, случаем и временем обогащения. "Время - деньги" - девиз алчного, написанный на его лице и на стене его конторы. Он не понимает, что не время является деньгами, а деньги являются сконденсированным, кристаллизированным временем, умножаемым в руках человека, для лучшего его посвящения Богу и ближнему. Через милостыню свою богатый умножает время своих молитв, своего добра, своей верности Богу. Чрез любовь материальная ценность становится и духовной ценностью. Время бесконечно дороже денег, и деньги имеют ценность лишь для знающего духовную тайну времени. Добро хотело бы все деньги обратить в любовь, умножить чрез это время любви. А зло хочет все земное время, данное людям для возрастания в Христовой любви, превратить в деньги. Оттого Промысел так устраивает в мире, что, когда денег, не обмененных людьми на добро и любовь, оказывается слишком много, они теряют свою ценность, и происходит так называемая "девальвация", сокращение денег, и время освобождается для любви. Но люди опять бросаются менять время на деньги, все снова и снова боясь "упустить время". Кружится, бежит, мечется человечество в погоне за деньгами, этими "призраками бытия", страшась не поспеть схватить наибольшее количество призраков... Войны в мире ведутся из-за наживы, из-за страха ее упустить или не приобрести. Войны - порождение этого страха. Война есть гораздо более дело страха, чем бесстрашия и мужества. Причины войн укоренены в метафизическом страхе народов, от которого они хотят закрыться мужеством войны. Страх настоящей или мнимой опасности так же ведет к пролитию крови, как страх отчаяния пред беспросветностью истории, лишенной света Вечности.

Древний "золотой телец", принимающий все более "жидкую", даже невидимую ныне "атомическую" форму, устрашает страны и континенты своей немилостью к ним и бросает их друг на друга.

Техника ускоряет производство материальных ценностей, ускоряя и процесс их уничтожения. Змея материального пожирает свой хвост. Хронос неблагодатного времени, обращаемого лишь в материальные ценности, уничтожает своих детей. Цивилизация, неуравновешенная и не скрепленная высшим смыслом жизни, ведет к гибели человечество, все более усложняет, затрудняет и разоряет свой собственный мир. Не желающее причащаться Тела и Крови Христовой, человечество пожирает свою собственную плоть и пьет свою кровь. Люди боятся истинных пророков, желающих оторвать его от этой автоантропофагии и призывают к себе ложных пророков и вождей, давая им всю власть над собой.

Богатые боятся обеднеть. Бедные - пропустить удобное время захвата имущества богатых. Если сокровища накоплены, человек боится, не зная, куда их спрятать, - дом может сгореть, земля быть отнята, акции обесцениться, банк обанкротиться, несгораемый ящик - быть взломанным. Нет нигде и ни в чем уверенности. Более того, всюду полная неуверенность или верная гибель... Как раненый зверь, мечется человечество под грохоты своих бомбардировок, в зареве своих пожаров..."

Все рушится и пропадает. Дом вещественный и дом душевный, построенные на песке безверия в Божественную Жизнь, обращаются в мусор...

"Мое только то, что я отдал" (Св. Максим Исповедник) - эта мудрость, открывающая бессмертие, чужда духу мира. Чрез уста своих "пророков" и "мудрецов" мир все говорит и говорит: "Мое только то, что я не отдал", или то, "что я взял у другого". И все по-новому, в каждом поколении, верят люди этой, непрестанно опровергаемой каждой смертью человека, "истине". Судорожно прячет человек свой хлам, свой сор, но вырывается у него из рук этот хлам, этот сор и уничтожается. Жизнь исходит пеплом, молью, ржавчиной, гниением, разложением, взрывами, распоряжениями суровых властей.

Получив полное удостоверение в жизненности и правдивости евангельской, многие люди все же не хотят ее видеть. Привыкнув к непрестанной потере всего, они заменяют бывшее свое имущество надеждой на будущее и живут, боясь расстаться с этой надеждой, с призраком призрака. Сребролюбец все продолжает в мире бояться "черного дня" и не страшится черной вечности.

"Боязливых же и неверных" - (Откр. 21, 8) - "участь в озере, горящем огнем и серою". Пророчество это, произнесенное любимым учеником Небесной Любви, есть откровение и о современном мире и человеке. Этот мир, с его уничтожаемыми ценностями, войнами и пожарами, есть в сущности "озеро, горящее огнем и серою". И участь боязливых и неверных (боязливых, от своей неверности Богу, и неверных от боязливости своей) - не иметь выхода из этого озера. Ибо выход из его "огня и серы" дает лишь Сказавший: "Я - Дверь"...

Любовь к плоти другого человека и к своей плоти, и поставление ее слепых, природных и ниже природных велений центром своих интересов, есть новый океан человеческой бессмысленности, из которого истекают новые реки человеческих страхов.

Любовь к себе и к своему телу, в истинном духе и разуме, не противоречит любви к Богу и к другому человеку. Мерилом любви к ближнему поставлена любовь человека к самому себе. Но человек утерял дух правильной любви к себе. Мало кто из людей любит себя по-настоящему, как храм Духа Святаго. Инстинкт борьбы за свое существование и наивысшее благо присущ не только всему организму человеческого тела, но и каждому из его чувств. Органы обоняния, осязания, зрения, слуха, вкуса - все чувства тела ищут приятного для себя плотского раздражения и опасаются раздражений неприятных. Эти процессы проходят в сознании и в подсознании человека.

Если "сокровенный сердца человек" (Петр III. 4) не принял

еще в себя Жизни, не загорелся и не согрелся ее огнем, он всегда находится под непрестанным воздействием велений и страхов своей плоти и проникается специфической "плотской" мудростью "века сего", духа истины не имеющей. Не соглашающийся жить Христовой верой, по законам Евангелия, человек делается существом более низким и менее чистым, чем любое из животных. Данное для высоких целей умножения земного (и небесного) рода "сынов Божьих" родовое средство обращается у человека неверного в ненасытный очаг ложноострых, а на самом деле тупых, и никогда человека не насыщающих переживаний, оставляющих в глубине человеческого сердца осадок, болезненную оскомину, страх и страдание. Утончая свою чувственную плотскую радость, в жизни и искусстве, человек думает, что "утончает свою жизнь". Но волна новых страхов и страданий разрушает и обессиливает призрачное его счастье, построенное на плоти. Человек чувственный боится за свое счастье, предчувствуя его мимолетность, и сердце его страдальчески ловит плотское счастье, как воздух - рыба, выброшенная на песок. Бесчисленные болезни, слабости, несовершенства, долгий, сравнительно с животными, период младенчества, созревания, старости и умирания держит человека все время в русле плотских страхов, ущербности и страданий. Эти страхи, как маяки, призываются вести человека к той истине, что он не только житель земли. В уразумении этого состоит вся печальная наука человечности.

"Как нельзя раз навсегда наполнить чрево, так нельзя и преодолеть боязнь. По мере возрастающего плача удаляется она, а по мере оскудения плача мы делаемся боязливыми", - говорит св. Иоанн Лествичник, имея в виду, конечно, не плач от страха, а благодатный плач от любви к Богу и молитвенный плач о своей неверности Ему. "Кто стал рабом Господним, тот будет бояться одного своего Владыки, а кто еще не боится Его - часто приходит в страх и от тени своей".

Один из аргументов воинствующего неверия, созданный для опровержения религиозных переживаний, есть произведение религии от примитивных дикарских страхов. По этой теории, первобытный человек, пугаясь таинственных явлений природы, начал из чувства самосохранения обоготворять их и поклоняться этим явлениям, как богам; из таких дикарских страхов будто бы и родилась религия, обросшая потом классом жрецов-священников, начавших эксплуатировать религиозное чувство человечества, ради своего материального прибытка... Данная аргументация не только не объясняет религии, но она не объясняет и страха. Она объясняет только одно из примитивных переживаний человека в связи со страхом. Данное же явление метафизической порабощенности примитивного человека страхом свидетельствует не о том, что хочет из него вывести атеистическая теория, а о гораздо более глубоком явлении первобытной жизни человека; о нем была у нас речь в начале нашего исследования. В человеке существует целый ряд, целая клавиатура, пневматологически различных, между собой не схожих страхов. Начинаясь в сфере низкой, грубой, дисгармонической, душевное переживание, связанное со страхом, растворяется в высочайшей и тончайшей гармонии небесного мира.

О каком страхе, будто бы породившем религию, говорит безбожие? Оно говорит о страхе самом низком и примитивном. Не из этого, конечно, жалкого, тупого и темного страха создались и вышли высочайшие переживания человечества, его чистые, светлые религиозные созерцания, постижения и деяния. Только лжерелигия, как и само безбожие, выходит из темного страха, так же как и из мрачного тупого бесстрашия. Светлая религия, religio - связь человека с Творцом рождается из высокого, чистого страха Божия и вводит человека в высшее, светлое бесстрашие.

Беспокойство антирелигиозников пред одной только мыслью о Боге есть явление как раз того демонического страха, которым создавались и одухотворялись все ложные религии, сковывавшие чувства истинной человечности. Да, идолослужение двигалось таким страхом. Но не только темный страх создавал даже языческую религию. В некоторых формах и языческой религиозности можно найти, несомненно, начальные элементы и подлинно религиозного страха.

Страх матери, боящейся разбудить своего ребенка, страх мужа потревожить больную жену, страх человека предать своего друга, изменить своему слову, супружеству, выдать тайну другого, оказаться неверным своим собственным убеждениям - все эти, хотя и не религиозные, но уже этические страхи, востекают в религиозное сознание.

Подлинно религиозная жизнь человека всегда была и является подсознательным и сознательным раскрытием в человеке истины его великой недостаточности и неполноты пред Божественным Бытием. И религия, прежде всего, есть правдивое, горячее признание необходимости восполнения своей жизни Благом высшим и абсолютным.

Сущность и частичная правда всех древних, языческих религий, даже совсем примитивных и пневматологически темных, заключается не в их неверной философии, не в их наивных, частью детских и ложных, антропоцентрических и демоноцентрических представлениях о высшем бытии, и не в культовых переживаниях, с этими представлениями связанных, но - в обнаружении и утверждении в человеке чувства религиозной метафизической его зависимости от более высокого лучшего и могущественного бытия.

Развитие религиозного сознания в человечестве можно уподобить постепенному развитию отношений ребенка к азбуке; сначала ребенок ничего не видит в ней, кроме сливающихся темных пятен; потом начинает различать отдельные буквы, постигая и звуковой их смысл; после научается читать целые фразы, понимая их, и наконец, в одном акте познания, схватывает содержание целой книги, многих книг. Во всех религиозных переживаниях есть одна правда, без которой нет ни религии, ни даже псевдорелигии. Эта правда есть признание высшего мира и своей зависимости от него. В этом первичном смирении человеческой души - начало всех религий. Совершенство же религии зависит только от того, кого и что люди почитают выше себя, пред кем и чем преклоняются, пред какими истинами благоговейно смиряют свое сердце. Поклонение крокодилу, корове, быку, змее или планетам - не возвышает человека в Царство Божие. И оттого есть религии, которые не возвышают, а метафизически снижают, деградируют, духовно убивают человека... Оттого апостолы и проповедники Евангелия воюют не с неверием только, но и с ложной верой. И уравнение всех вер и истин есть признак омраченности сознания человеческого.

В религиях, как и в людях, различны бывают степени духовной чистоты и высоты.

Абсолютная Религия, апофеоз истины духа, есть вера в Бога Воплощенного Христа Иисуса, не ставящая никаких пределов совершенству. "Будьте совершенны, как Отец ваш Небесный совершен есть".

Чем выше религия, тем с более высоким страхом она сопряжена. И потому утверждение, что религия порождена "страхом дикарей", есть дикарское понимание и религии, и страха.

IV

Духовно-истонченная душа способна остро трепетать, приближаясь к высшему миру. Демонический мир ей уже чужд, а ангельский еще не сроден, и близкая к небу душа способна испугаться ангелов, хотя отличие приближения ангелов от приближения демонов - именно в отсутствии страхов и нахождении на человека мира, смирения и любви.

"От присутствия невидимого духа приходит в страх тело; от присутствия Ангела душа смиренных радуется", - говорит св. Иоанн Лествичник. Ангелы вызывают высокий трепет, глубоко отличный по своему духу и последствиям от страха, вызванного демонами. Этот именно страх и можно назвать страхом несоответствия. "Не бойся, Захария, ибо услышана молитва твоя", - сказал отцу Предтечи ангел Господень, когда Захария, увидев его, "по правую сторону жертвенника кадильного", "смутился и страх напал на него" (Лк. 1)... "Не бойся, Мария", - сказал Ангел Пречистой Деве, являясь пред Ней (Лк. 1). Смиренные и чистые сердцем пастухи "убоялись страхом великим", увидев Ангела, но услышали от него: "Не бойтесь, я возвещаю вам радость, которая будет всем людям" (Лк. 2).

Дух человеческий по-особому трепещет около мира выше естественного и по-иному страшится мира противоестественного. "Не бойтесь, это Я", - говорит Воскресший Господь Своим близким ученикам, чтоб успокоить их, страшащихся безмерной истины Воскресения.

Приближаясь к последней тайне - страданий и ужасаний Богочеловека, мы должны умолкнуть. Наш ум слишком ничтожен и слишком засорен низшими понятиями, выросшими из неведения, а сердце наше узко любовью. Мы не в силах, даже отвлеченно, коснуться той бездны ужаса, в которую искупительно для мира погрузил Себя, Свои последние часы земной жизни, Господь Иисус Христос. Евангелие говорит, что в Гефсиманском саду Он "тосковал и ужасался"... Его ужас был ужасом нашего отпадения от Небесного Отца и ужасом принятия на Себя нашей оторванности от Отца. Соединенный во всем с волею Отца, Господь пришел принять на Себя и исцелить все человеческие страдания, вышедшие из отпадения человека от Бога. Он взял все страдания человечества прошлых и будущих веков. Вся мука оторванности от Бога - осознанная и неосознанная людьми в мире - вошла в Его безгрешное естество, совершенно во всем соединенное с Отцом, Ужас Гефсиманский и Крестный был не только Его, Иисусовым ужасом, но и ужасом причисленности к ужасу отпадения от Бога и гибели всех людей, народов и веков... Это был ужас подъятия на Себя ужаса мира без Бога, и завершился он в последнем искупительно смертельном миге голгофской разорванности: "Боже мой, Боже мой, векую Мя еси оставил!.." И ныне во Христе принимает всякий человек на себя отблеск этого самого ужасного и самого светлого в истории человечества мига - мучительную боль не своего греха...

Страх есть агония отлучаемой или себя от Бога отлучающей души. Страх есть агония одиночества. И всегда Пребывающему с Отцом надо было пережить непостижимое отлучение от Отца за всех нас, отлучивших себя от Бога - чрез грех. Безгрешный Иисус взял проклятие за грех, тяготевшее на всем человечестве, и уничтожил его, пронеся узкими вратами Своей жизни и смерти. Это проклятие отлученности от Отца, последнее одиночество всего и всех должно было сойти на Единого Безгрешного, вызвав невыразимый ужас Его искупительной муки... Неразделимое, нерассекаемое Богочеловечество нераздираемо раздиралось и нерассекаемо рассекалось в Нем, искупая, восполняя Собою нашу разделенность с Отцом... "Ранами Его мы исцелились" (Ис.).

Оттого всякий страх связан с одиночеством души, с ее сиротливостью, бездомностью и беспомощностью в мире. От оставленности человек страдает больше всего, и ее он мучительнее всего боится. Страх есть отрицательное выражение одиночества и оставленности. Положительное выражение того состояния есть вера в Бога и молитва.

Не верующий в Бога и к Богу не обращающийся не чувствует своей оставленности и не понимает своего ужасного одиночества в мире. Он слишком доверяет реальности всех своих материальных контактов с миром. Ему кажется, что ему "более ничего не нужно"; он доволен всем, а если и недоволен, то мелко, несущественно. Начало веры в Бога есть пробуждение существенного, метафизического недовольства собою, святого недовольства этою жизнью. "Не любите мира, ни того, что в мире" (1 Ин. 11, 15) - это есть отрицательно выраженный завет любить уже в этом мире "Новое небо и новую землю".

Одиночество дано человеку как высшее духовное общение, спасение от животности и стадности. Но одиночество человека должно быть так же спасено и освящено, как общение. Страх Божий - путь спасения и одиночества.

Избавить его "от страха нощнаго" просил на своей молитве бесстрашный победитель Голиафа, и еще более бесстрашный победитель своего греха, Давид; и услышал слова, которые передал всем векам и поколениям людей: "Не убоишися от страха нощнаго, от стрелы летящия во дни, от вещи во тьме преходящия". Этот "ночной страх" посещает не только спящих младенцев, но и бодрствующих ночью в пустыне подвижников, ничего, кроме неверности Богу, не боящихся.

"Мужайтесь", - ободрял Спаситель учеников Своих. "Мужайтесь, ибо Я победил мир". Мужайтесь, отгоняя свой страх, не пуская его в свое сердце; мужайтесь и в самом страхе своем, возрастая в терпении, неся мужественно страдание своего страха, как метафизического ожога души. Это страдание может быть тоже страданием за Христа.

Страх испытывали и апостолы; они все бежали после предания Господа. "Тогда все ученики, оставивши Его, бежали" (Мф. 28, 56). У треста с Матерью Господа был только Иоанн. Человеческое воображение, управляемое чувствами, опытными лишь в земной реальности, служит часто страху человеческому. Ап. Петр сделал уже несколько шагов по бушующему морю навстречу своему Учителю, но был побежден своим воображением, построенным на ветхом опыте чувств, и стал тонуть; но был восстановлен в опыте чувств новых, сообразных всемогущей силе его Позвавшего.

"Ожог" страха в сердцах людей верующих - признак еще не полной их настроенности на звуки небесного мира, симптом еще существующего в них разлада меж "ветхим" и "новым" человеком, разлада, иногда оканчивающегося лишь в преддверии нового мира.

"Дано мне жало в .плоть... чтобы я не превозносился" (2 Кор. XII, 7). "Жалом" этим, в жизни людей духовно одаренных, бывает и страх. Мучительно стыдно бывает христианину сознавать, что он еще чего-то страшится на земле, кроме своей неверности Господу. Но чрез этот-то смирительный, лекарственный страх он лучше понимает, что все доброе в нем - не от него.

Страх есть и проекция подсудности человека. Радостный, для всякого верного Богу человека, Суд Божий есть одновременно и Страшный Суд. Бездонная, невыразимая немощь человеческая трепещет от близости последней невыразимой Божьей Правды. Радует и ужасает человека эта Правда; радует силой спасительной своей любви, ужасает силой своего крестоношения в этом мире, а также своего совершенства.

"Ей гряди Господи Иисусе!" - восклицают ученики Слова. Жажда торжества последней Правды сильнее в них страха пред своей немощью возможностью своего испепеления от встречи с этой Правдой. Но и другие звуки входят в гармонию последней богопреданности: "Господи, не готов я... освяти, очисти, укрепи". И это есть апостольское слово: "Отойди от меня, Господи, ибо я человек грешный"... Бывают прокаженные, которые простирают руки ко Христу, чтобы исцелиться навеки; и бывают прокаженные, также алчущие Его, но отходящие в сторону от Его путей и только плачущие от радости, что Он - в мире. Они страшатся замарать гноем своим песок под Его ногами. И это есть - любовь! Сквозь радостные слезы смотрят они, как Господь их исцеляет других и принимает в Свою Блаженную Церковь таких же измученных жизнью, как они, но они сладко страшатся подойти ко Господу, дохнуть на Него смрадным своим дыханием.

Много мелодий в музыке страха. В момент ухода из этого мира страшно бывает человеку, трудно бывает совлекаться, снимать с себя все "здешнее", телесное, мнимо внутреннее, "психологическое", все земные одежды души. Страшно обнажаться метафизически - до конца. Трепещет дух, слишком привыкший к своей страннической палатке, к этому своему телу, к плотским мыслям, чувствам и желаниям. Смерть - молниеносное разорение мира и обнищание. Готовился ли человек к этому? Здесь воспламеняется и дикий ужас людей, живших бездумно и бесстрашно, окаменело стоявших в этом мире пред вечностью и ее Солнцем, "не заходившим ни днем ни ночью".

Если на земле, при смене политических режимов, люди так страдают от своей связанности с "упавшим" режимом, и так часто трепещут, предчувствуя близкий над собой суд, - сколько более это происходит при падении всего "режима" этого мира в жизни человека... Ведь падение это не только предсказано Богом, но и удостоверяется опытом всех земных поколений.

Мы сейчас живем на земле, во всех странах при старом режиме. Идет, не замедлит прийти "новый режим", новый порядок, новая власть, власть абсолютных Божьих Законов. Дальновиден поверивший этой истине. Смена может произойти каждое мгновение - ночью, во сне, или днем на улице... Но лучшая смерть для человека - это, конечно, после подготовки, при ясном сознании умирания всех ценностей этого временного существования и рождения человека в мир духа. Надо заранее сдружиться каждому человеку с теми мудрыми и добрыми властями, которые придут на смену греховным эгоистическим властям этого мира, страстям этой временной жизни.

Слишком связанный со "старым режимом" этого века, человек оказывается виновником войны против Бога. То, что произошло на наших глазах с побежденными после мировой войны, и с их властями, - только притча того, что произойдет, когда весь этот мир богопротивления проиграет войну Богу.

Глубина личности нашей должна быть, в момент смерти, выявлена до конца. Все темное и нечистое должно быть нами снято, как негодная одежда. Метафизически обнаженными, нищими до ужаса, уничтоженными до последних пределов, до возможности блаженства только в Боге, должны мы встать пред правдой иного мира... "Вечери Твоей тайныя, днесь, Сыне Божий, причастника мя приими".

Страхи бывают лишь в Гефсимании, в претории, во дворце Каиафы. Последняя их минута - на Голгофе. После приходит Великая Суббота. Покой от всех страхов. И - Воскресение, незаходимый Свет.

Ни с чем не сравнимое блаженство свободы от страха получает верный Богу человек на смертном одре.

Молитвы Церкви открывают великие реальности. В чине "на исход души", от лица отходящего, Церковь просит утешения ему. Различны степени покоя, мира духовного отходящих людей. Получивший реальное удостоверение из иного мира о милости Божией к нему, приготовленный Покаянием и Причастием Св. Тайн к исходу из этого мира, слышащий иногда уже ангелов, в великой тишине, в бесконечном, возвышенном радовании о Господе, вступает умирающий, для этой земли, человек в страшную и невыразимо прекрасную вечность. Нельзя изобразить, сколь возвышен уход, из этого мира, очистившегося, оправдавшегося, все страхи перешедшего человека.

Вступившая на порог иного мира душа, приготовившаяся к последнему своему пути, не страшится потери себя - и всего - в Боге. С торжественной строгостью, и уже ангельским бесстрашием, она отстраняет от себя неуместную, в эту торжественную минуту, плотскую скорбь родственников, проявление их недостаточной любви к Богу и к ней. Она хочет от присутствующих, при ее исходе в иной мир, только молитвы, безмолвия и благоговения. Стоящая на грани нового, великого мира, она знает, что ничто человеческое уже не должно развлекать или удерживать ее.

Видимое мироздание переживает то, что и каждый человек: смерть и воскресение в вечность.

Господь сказал: "Люди будут издыхать от страха"... По мере оскудения веры, надежды на Бога и любви к Богу люди, общества, народы будут все более и более друг друга страшиться и от этого все меньше и меньше друг друга любить. "Из-за умножения беззакония во многих охладеет любовь" (Мф. 2, 12).

Но с новой силой откроется тогда в мире и жатва апостолов "последних времен". Свободные, усыновленные - "все водимые Духом суть сыны Божий" - бесстрашные во Христе, готовые к последнему, они будут говорить и уже говорят миру последнюю правду.

Взирая на землю и ее дела глазами своего Учителя, они побеждают страх мира. "Любовь побеждает страх". Бесстрашные своей любовью, крепкие любовью Божьей, ученики Слова будут светить миру даже в тот час, когда "солнце померкнет и луна не даст света своего".

Семь слов о стране Гадаринской

Духовно-истонченная душа способна остро трепетать, приближаясь к высшему миру. Демонический мир ей уже чужд, а ангельский еще не сроден, и близкая к небу душа способна испугаться ангелов, хотя отличие приближения ангелов от приближения демонов - именно в отсутствии страхов и нахождении на человека мира, смирения и любви.

"От присутствия невидимого духа приходит в страх тело; от присутствия Ангела душа смиренных радуется", - говорит св. Иоанн Лествичник. Ангелы вызывают высокий трепет, глубоко отличный по своему духу и последствиям от страха, вызванного демонами. Этот именно страх и можно назвать страхом несоответствия. "Не бойся, Захария, ибо услышана молитва твоя", - сказал отцу Предтечи ангел Господень, когда Захария, увидев его, "по правую сторону жертвенника кадильного", "смутился и страх напал на него" (Лк. 1)... "Не бойся, Мария", - сказал Ангел Пречистой Деве, являясь пред Ней (Лк. 1). Смиренные и чистые сердцем пастухи "убоялись страхом великим", увидев Ангела, но услышали от него: "Не бойтесь, я возвещаю вам радость, которая будет всем людям" (Лк. 2).

Дух человеческий по-особому трепещет около мира выше естественного и по-иному страшится мира противоестественного. "Не бойтесь, это Я", - говорит Воскресший Господь Своим близким ученикам, чтоб успокоить их, страшащихся безмерной истины Воскресения.

Приближаясь к последней тайне - страданий и ужасаний Богочеловека, мы должны умолкнуть. Наш ум слишком ничтожен и слишком засорен низшими понятиями, выросшими из неведения, а сердце наше узко любовью. Мы не в силах, даже отвлеченно, коснуться той бездны ужаса, в которую искупительно для мира погрузил Себя, Свои последние часы земной жизни, Господь Иисус Христос. Евангелие говорит, что в Гефсиманском саду Он "тосковал и ужасался"... Его ужас был ужасом нашего отпадения от

Небесного Отца и ужасом принятия на Себя нашей оторванности от Отца. Соединенный во всем с волею Отца, Господь пришел принять на Себя и исцелить все человеческие страдания, вышедшие из отпадения человека от Бога. Он взял все страдания человечества прошлых и будущих веков. Вся мука оторванности от Бога - осознанная и неосознанная людьми в мире - вошла в Его безгрешное естество, совершенно во всем соединенное с Отцом. Ужас Гефсиманский и Крестный был не только Его, Иисусовым ужасом, но и ужасом причисленности к ужасу отпадения от Бога и гибели всех людей, народов и веков... Это был ужас подъятия на Себя ужаса мира без Бога, и завершился он в последнем искупительно смертельном миге голгофской разорванности: "Боже мой, Боже мой, векую Мя еси оставил!.." И ныне во Христе принимает всякий человек на себя отблеск этого самого ужасного и самого светлого в истории человечества мига - мучительную боль не своего греха...

Страх есть агония отлучаемой или себя от Бога отлучающей души. Страх есть агония одиночества. И всегда Пребывающему с Отцом надо было пережить непостижимое отлучение от Отца за всех нас, отлучивших себя от Бога - чрез грех. Безгрешный Иисус взял проклятие за грех, тяготевшее на всем человечестве, и уничтожил его, пронеся узкими вратами Своей жизни и смерти. Это проклятие отлученности от Отца, последнее одиночество всего и всех должно было сойти на Единого Безгрешного, вызвав невыразимый ужас Его искупительной муки... Неразделимое, нерассекаемое Богочеловечество нераздираемо раздиралось и нерассекаемо рассекалось в Нем, искупая, восполняя Собою нашу разделенность с Отцом... "Ранами Его мы исцелились" (Ис.).

Оттого всякий страх связан с одиночеством души, с ее сиротливостью, бездомностью и беспомощностью в мире. От оставленности человек страдает больше всего, и ее он мучительнее всего боится. Страх есть отрицательное выражение одиночества и оставленности. Положительное выражение того состояния есть вера в Бога и молитва.

Не верующий в Бога и к Богу не обращающийся не чувствует своей оставленности и не понимает своего ужасного одиночества в мире. Он слишком доверяет реальности всех своих материальных контактов с миром. Ему кажется, что ему "более ничего не нужно"; он доволен всем, а если и недоволен, то мелко, несущественно. Начало веры в Бога есть пробуждение существенного, метафизического недовольства собою, святого недовольства этою жизнью. "Не любите мира, ни того, что в мире" (1 Ин. 11, 15) - это есть отрицательно выраженный завет любить уже в этом мире "Новое небо и новую землю".

Одиночество дано человеку как высшее духовное общение, спасение от животности и стадности. Но одиночество человека должно быть так же спасено и освящено, как общение. Страх Божий - путь спасения и одиночества.

Избавить его "от страха нощнаго" просил на своей молитве бесстрашный победитель Голиафа, и еще более бесстрашный победитель своего греха, Давид; и услышал слова, которые передал всем векам и поколениям людей: "Не убоишися от страха нощнаго, от стрелы летящия во дни, от вещи во тьме преходящия". Этот "ночной страх" посещает не только спящих младенцев, но и бодрствующих ночью в пустыне подвижников, ничего, кроме неверности Богу, не боящихся.

"Мужайтесь", - ободрял Спаситель учеников Своих. "Мужайтесь, ибо Я победил мир". Мужайтесь, отгоняя свой страх, не пуская его в свое сердце; мужайтесь и в самом страхе своем, возрастая в терпении, неся мужественно страдание своего страха, как метафизического ожога души. Это страдание может быть тоже страданием за Христа.

Страх испытывали и апостолы; они все бежали после предания Господа. "Тогда все ученики, оставивши Его, бежали" (Мф. 28, 56). У треста с Матерью Господа был только Иоанн. Человеческое воображение, управляемое чувствами, опытными лишь в земной реальности, служит часто страху человеческому. Ап. Петр сделал уже несколько шагов по бушующему морю навстречу своему Учителю, но был побежден своим воображением, построенным на ветхом опыте чувств, и стал тонуть; но был восстановлен в опыте чувств новых, сообразных всемогущей силе его Позвавшего.

"Ожог" страха в сердцах людей верующих - признак еще не полной их настроенности на звуки небесного мира, симптом еще существующего в них разлада меж "ветхим" и "новым" человеком, разлада, иногда оканчивающегося лишь в преддверии нового мира.

"Дано мне жало в .плоть... чтобы я не превозносился" (2 Кор. XII, 7). "Жалом" этим, в жизни людей духовно одаренных, бывает и страх. Мучительно стыдно бывает христианину сознавать, что он еще чего-то страшится на земле, кроме своей неверности Господу. Но чрез этот-то смирительный, лекарственный страх он лучше понимает, что все доброе в нем - не от него.

Страх есть и проекция подсудности человека. Радостный, для всякого верного Богу человека, Суд Божий есть одновременно и Страшный Суд. Бездонная, невыразимая немощь человеческая трепещет от близости последней невыразимой Божьей Правды. Радует и ужасает человека эта Правда; радует силой спасительной своей любви, ужасает силой своего крестоношения в этом мире, а также своего совершенства.

"Ей гряди Господи Иисусе!" - восклицают ученики Слова. Жажда торжества последней Правды сильнее в них страха пред своей немощью возможностью своего испепеления от встречи с этой Правдой. Но и другие звуки входят в гармонию последней богопреданности: "Господи, не готов я... освяти, очисти, укрепи". И это есть апостольское слово: "Отойди от меня, Господи, ибо я человек грешный"... Бывают прокаженные, которые простирают руки ко Христу, чтобы исцелиться навеки; и бывают прокаженные, также алчущие Его, но отходящие в сторону от Его путей и только плачущие от радости, что Он - в мире. Они страшатся замарать гноем своим песок под Его ногами. И это есть - любовь! Сквозь радостные слезы смотрят они, как Господь их исцеляет других и принимает в Свою Блаженную Церковь таких же измученных жизнью, как они, но они сладко страшатся подойти ко Господу, дохнуть на Него смрадным своим дыханием.

Много мелодий в музыке страха. В момент ухода из этого мира страшно бывает человеку, трудно бывает совлекаться, снимать с себя все "здешнее", телесное, мнимо внутреннее, "психологическое", все земные одежды души. Страшно обнажаться метафизически - до конца. Трепещет дух, слишком привыкший к своей страннической палатке, к этому своему телу, к плотским мыслям, чувствам и желаниям. Смерть - молниеносное разорение мира и обнищание. Готовился ли человек к этому? Здесь воспламеняется и дикий ужас людей, живших бездумно и бесстрашно, окаменело стоявших в этом мире пред вечностью и ее Солнцем, "не заходившим ни днем ни ночью".

Если на земле, при смене политических режимов, люди так страдают от своей связанности с "упавшим" режимом, и так часто трепещут, предчувствуя близкий над собой суд, - сколько более это происходит при падении всего "режима" этого мира в жизни человека... Ведь падение это не только предсказано Богом, но и удостоверяется опытом всех земных поколений.

Мы сейчас живем на земле, во всех странах при старом режиме. Идет, не замедлит прийти "новый режим", новый порядок, новая власть, власть абсолютных Божьих Законов. Дальновиден поверивший этой истине. Смена может произойти каждое мгновение - ночью, во сне, или днем на улице... Но лучшая смерть для человека - это, конечно, после подготовки, при ясном сознании умирания всех ценностей этого временного существования и рождения человека в мир духа. Надо заранее сдружиться каждому человеку с теми мудрыми и добрыми властями, которые придут на смену греховным эгоистическим властям этого мира, страстям этой временной жизни.

Слишком связанный со "старым режимом" этого века, человек оказывается виновником войны против Бога. То, что произошло на наших глазах с побежденными после мировой войны, и с их властями, - только притча того, что произойдет, когда весь этот мир богопротивления проиграет войну Богу.

Глубина личности нашей должна быть, в момент смерти, выявлена до конца. Все темное и нечистое должно быть нами снято, как негодная одежда. Метафизически обнаженными, нищими до ужаса, уничтоженными до последних пределов, до возможности блаженства только в Боге, должны мы встать пред правдой иного мира... "Вечери Твоей тайныя, днесь, Сыне Божий, причастника мя приими".

Страхи бывают лишь в Гефсимании, в претории, во дворце Каиафы. Последняя их минута - на Голгофе. После приходит Великая Суббота. Покой от всех страхов. И - Воскресение, незаходимый Свет.

Ни с чем не сравнимое блаженство свободы от страха получает верный Богу человек на смертном одре.

Молитвы Церкви открывают великие реальности. В чине "на исход души", от лица отходящего, Церковь просит утешения ему. Различны степени покоя, мира духовного отходящих людей. Получивший реальное удостоверение из иного мира о милости Божией к нему, приготовленный Покаянием и Причастием Св. Тайн к исходу из этого мира, слышащий иногда уже ангелов, в великой тишине, в бесконечном, возвышенном радовании о Господе, вступает умирающий, для этой земли, человек в страшную и невыразимо прекрасную вечность. Нельзя изобразить, сколь возвышен уход, из этого мира, очистившегося, оправдавшегося, все страхи перешедшего человека.

Вступившая на порог иного мира душа, приготовившаяся к последнему своему пути, не страшится потери себя - и всего - в Боге. С торжественной строгостью, и уже ангельским бесстрашием, она отстраняет от себя неуместную, в эту торжественную минуту, плотскую скорбь родственников, проявление их недостаточной любви к Богу и к ней. Она хочет от присутствующих, при ее исходе в иной мир, только молитвы, безмолвия и благоговения. Стоящая на грани нового, великого мира, она знает, что ничто человеческое уже не должно развлекать или удерживать ее.

Видимое мироздание переживает то, что и каждый человек: смерть и воскресение в вечность.

Господь сказал: "Люди будут издыхать от страха"... По мере оскудения веры, надежды на Бога и любви к Богу люди, общества, народы будут все более и более друг друга страшиться и от этого все меньше и меньше друг друга любить. "Из-за умножения беззакония во многих охладеет любовь" (Мф. 2, 12).

Но с новой силой откроется тогда в мире и жатва апостолов "последних времен". Свободные, усыновленные - "все водимые Духом суть сыны Божий" - бесстрашные во Христе, готовые к последнему, они будут говорить и уже говорят миру последнюю правду.

Взирая на землю и ее дела глазами своего Учителя, они побеждают страх мира. "Любовь побеждает страх". Бесстрашные своей любовью, крепкие любовью Божьей, ученики Слова будут светить миру даже в тот час, когда "солнце померкнет и луна не даст света своего".

I

Вижу ту страну Гадаринскую, куда приплыл Господь с учениками Своими после бури на Галилейском озере... Страна - малообитаемая. Горы, камень, песок. Со стороны Тивериады и Магдалы она представляется в легкой дымке - таинственной и суровой страной, даже под голубым небом, в ясное солнечное утро.

Господь вышел на берег. Его встретил гадаринский бесноватый, известный окрестным жителям; не одевавшийся в одежду, живший В гробах - маленьких пещерках в скалах. Мучительно внутренне терзаемый, он был недалеко от берега, вероятно, привлеченный к озеру неожиданно наступившей тишиной.

Как только светлый облик Господа коснулся его зрения, он вскричал. Безвольное орудие некоей внутренней силы, в нем жившей, он не мог жить с людьми. И люди не могли его принудить к жизни по человеческим законам. Он мучился непрестанно от самоубийственного духа, и был бессилен избавиться от него. Эти душевные мучения, повсюду наблюдаемые в мире, ужаснее всех физических страданий.

Увидев образ Господа, бесноватый кричит, но не убегает. Не убегает потому, что светлая сила неудержимо влечет его к себе. Кричит, потому что злая сила мучает его и понуждает бежать, но уже бессильна обратить его в бегство. Она уже связана одним видимым присутствием Господа Иисуса. И - бесноватый кричит: "Что Тебе до меня, Иисус, Сын Бога Всевышнего? Умоляю Тебя, не мучь меня"... Демон себя скрывает и кричит от имени человека - будто сам человек не хочет видеть Иисуса; бес хочет представить, будто Иисус мучает человека. Бес пытается спасти себя, и окончательно погубить страдающую человеческую душу, отторгнув ее от единственного ее спасения.

Для человека неглубокого, неопытного или неверующего слышен на гадаринском берегу голос одного только человека; хотя даже для этого человека должно быть странным, что бессознательный бесноватый, никогда не видавший Господа и никем не наученный из людей, вдруг, с первого взгляда, узнает силу Всевышнего Бога в Человеке. Этого еще никто из людей не знал, но это уже знают бесы. Для их темного, но духовного мира уже ясно, что Господь не только человек. Но это не благодатная просвещенность истиной; это лишь опытное восприятие огня Божественного, жгущего темное естество. Языком несчастного человека бесноватого злой невидимый дух кричит, предчувствуя свое поражение и уже испытывая от близости Иисусовой огненное страдание.

Да, так должны кричать злые духи в присутствии Солнца Правды, Господа Иисуса Христа, опаляющего их... Но ведь так кричат и люди, изгоняющие Господа из своих домов, из своих государств, из своего сердца.

Одно присутствие Господа уже мучает нераскаянных. Тьма убивается светом... Вор не любит Солнца. Вот вся глубина психологии всякого неверия, всякой антирелигиозности. Высший Божественный свет связывает, кладет пределы своеволию, жжет нечистоту, огнем несжигающим, неугасимым... И, если сердце полно нечистоты, гордости и беззаконий, если воля устремлена ко тьме, то душа боится прикоснуться к Евангельской Истине, прячется от Христа. А если придется ей вдруг встретиться с Христом, она, мучимая Светом, режущим ее больные глаза, и опаляемая в своей греховности, кричит: "Что Тебе до меня, Иисус?"... "Не мучь меня!"... "Я не монах!"... "Я живу в миру и должен подчиняться миру"... "Я ношу плоть и должен следовать ее законам"... "Отойди от меня с Твоими заповедями полной правды, совершенной чистоты, истинной любви. Отойди от меня, Иисус... не мучь меня Своим Светом!"

Разве не так кричит мир? Да, так мы, люди, кричим. Или выражаем этот крик в безмолвном чувстве.

Зло одно и то же, в бесах и в людях. В бесах оно иногда открытее, прямее, при всем лукавстве бесов. Но непреложен закон духа: Божественный евангельский свет не всем освещает жизненную дорогу; не всех он утешающе согревает в холодном мире. Блаженный для праведных и смиренных душ, Огонь Любви Божьей есть мучительное пламя - нераскаянных.

Допуская в мире бесноватых и делая явным тайное действие темных сил, Господь предупреждает нас и учит.

Учит познаванию нашего противника. И учит познаванию нашего Спасителя. Мы часто своего Спасителя не знаем только потому, что не знаем своего противника. Не верим, что есть в мире смертельно страшное зло, от которого спастись можно силою Одного только Спасителя; зло, от которого надо всем нам спасаться.

Евангелие дано не только для небесного утешения! Оно нам дано и для испуга пред нашей человеческой греховностью. Погруженные в леность и косность, мы, люди, должны испугаться, пораниться злом. Только почувствовав реальную боль от зла и невыгоду его для себя, мы способны сердечно устремиться к добру, потянуться к добру, как к якорю своего спасения. И познать Спасителя как Источник и Солнце Добра.

Церковь на земле тоже не дана людям для одного только утешения их скорбящей души прекрасными гармониями образов и звуков, ведущих к небу. Храмы стоят на земле, и для того, чтобы имел человек место, где бы он, глубже всего, мог вздрогнуть над вечностью, вострепетать над своей душой. Вздрогнуть пред Богом, увидев, хотя бы на мгновение, ту страшную вечность, к которой всякий человек на земле так непостижимо близок.

Мы живем и мы приходим в свой храм для того, чтобы, узрев Свет Христов, потянуться к нему всею душою своей и вскричать Господу - не бесовские слова: "Что Тебе до меня, Иисус?", но человеческие слова: "Ты для меня пришел, Иисус!" Не бесовские слова: "Умоляю Тебя, не мучь меня", но благословенные слова: "Господи, очисти меня; как бы ни было больно мне, как бы ни мучилась моя сластолюбивая и грехолюбивая душа, - очисти, пережги меня Твоим спасительным и очистительным огнем!"

II

"Иисус повелел нечистому духу выйти из сего человека". Злой дух получил обратное тому, что он просил. Он хотел, чтобы Иисус отошел от него; но ему самому пришлось бежать от Лица Иисусова.

Прежде чем рассмотреть это мучительное для него, но радостное для нас событие, остановим свое внимание на некоторых характерных чертах бесноватого. В чем выражалось и проявлялось действие злой силы в нем? - Прежде всего великая внутренняя тяжесть, какое-то страшное беспокойство, беспричинная тревога владела этим человеком и заставляла убегать от людей, бояться их и ненавидеть. Жить в гробах-пещерах было ему менее мучительно, чем в домах с людьми. Великая физическая сила словно вливалась в бесноватого, делая его способным бороться против нескольких людей и разрывать крепкие цепи. Как и многие современные нам бесноватые, гадаринский страдалец обладал ненормальной силой. Отсутствие силы духовной, Божьей, возмещалось в нем возросшей силой плоти.

"В здоровом теле - здоровый дух", - говорят мудрецы человеческие, заставляя верить в эту истину людей, более всего ценящих свое телесное здоровье... Ложная это мудрость! На примерах бесноватых и всех нераскаянных грешников, вполне здоровых физически, но духовно находящихся почти в аду, видно, что физическая крепость не обеспечивает здоровья человеческого духа. Также эта истина подтверждается тем, что многие святые, жившие на земле почти как ангелы, были слабого физического здоровья и нередко всю жизнь проводили в болезнях и страданиях. Физическое здоровье не облегчает духовной жизни, но и не препятствует ей, если не переходит в господство плотского начала над духовным. В случае с бесноватым, несомненно, отсутствие духовного начала сделало возможным такое неестественное проявление начала физического.

Желая спасти человека от самоубийства, на которое покушается всякий бесноватый, добрые люди связывали его цепями и кандалами, невольно тем увеличивая его страдания. Но он разрывал все путы и убегал в пустыню. "Был гоним бесом в пустыни".

Злые духи, желающие погубить человека, влекут его в одиночество. Если же одиночество для человека может быть спасительно, они его будут влечь на городские площади, к развлечениям и увеселениям, к неудержимому многословию со знакомыми; будут звать к безудержной деятельности среди людей, вдохновлять на "великие дела"... Человека, для которого именно общение с людьми, оказание им помощи или получение от них помощи полезно, противящиеся воле Божьей духи понуждают убегать в пустыню, скрываться в то "подполье", о котором так глубоко верно говорил один великий русский писатель... Уединение бесовское - не Божье уединение, не освобождающее человека от его самости, но - наиболее проявляющее эту греховную человеческую самость.

Далеко даже не всем монахам полезно уединение, ибо оно более духовно ответственно и требует от человека всецелого отрешения от своего "я" и непрестанного предстояния горнему миру.

Из того, что злой дух гнал бесноватого в уединение, мы можем заключить, что несчастный человек нуждался именно в помощи людей.

Но - скольких из нас, которым бывает совершенно необходимо хотя бы временное уединение и хотя бы только в собственной нашей комнате, злая сила гонит в суету праздных собраний и разговоров. И мы не можем исполнить даже такую легкую заповедь Спасителя, как - "помолиться Отцу нашему втайне"... Настает час вечерней молитвы, а мы все блуждаем сердцем по миру, по его преходящим интересам, и не пользуемся легкой возможностью хотя бы краткого, но столь драгоценного молитвенного уединения.

Пусть духовное мучение бесноватого поможет нам познать глубже пути нашей собственной духовной жизни. Тогда мы и лучше поверим, что эти мучения его не были напрасны.

Злой дух всегда радуется суетному обществу, где можно ему увлекать людей честолюбием и развивать в них все страсти; где можно водительствовать массами, давая им свои идеи, внушая свой дух. Но он увеселяется и всякой замкнутостью человека, неблагодатным уединением человеческой души. Ему бывает удобней угнать овцу, отбившуюся от стада. И накормить свой голод зла этой отъединенной овцой. Что может быть хуже неблагодатного уединения человеческой души! В этом уединении душевном зреют многие преступления и решительно все самоубийства. Оттого так ненавистна злому духу исповедь, не только пред Богом, но и пред человеком, священником, что эта исповедь, если она чистосердечна, разрушает в душе человека стену диавольской горделивой или боязливой уединенности и выводит ее на свет Божий.

Все страсти и все грехи человеческие непреодолимо влекут к неблагодатному уединению души; к нравственному и психическому ее солипсизму.

Ненависть, гордость, презрение (дочь низости), высокомерие, боязливость (дочь самолюбия), скупость, леность, черствость и другие подобные страсти ведут человека к переселению в "подполье", где окончательно погибает и разлагается душа, замкнувшаяся в "себя", только в свои самостные переживания.

Великое благо и спасение для такой души - ее смиренное раскрытие себя пред светом Божьим. Выход к Богу для этой души есть и выход ее в Божий мир, к людям-братьям, для получения помощи от них и для служения им.

Как глубока жизнь и велики тайны души человеческой! Только Слово Божие проникает в них.

Гадаринского бесноватого злой дух гнал в пустыню, думая, что пустынное уединение станет для него окончательной гибелью, как оно становилось для многих... Но Господь вышел не только в города и села, чтобы спасти погибающих; Господь вышел и в пустыню. Он - Творец всего, Вездесущий, Божеством Своим, всюду являет и Свое Человечество. Ибо Человечество Его есть Его любовь к человеку.

III

Осознав безвыходность своего положения, опаляемые Духом Божиим, бесы потеряли всякую надежду на исполнение их просьбы "не мучить" их. Но коварство их придумало новый выход: если невозможно погубить человека, надо попытаться погубить хотя бы что-нибудь в мире.

Воля бесов обращается на свиней... "Большое стадо" их паслось тут же. "И бесы просили Его, чтобы позволил им войти в них".

Бесы просят, бесы молятся... Нужна какая то доля правды в каждой молитве ко Христу. Когда бесы проявляли высшее лукавство - кричали от имени человека, их просьба не могла быть исполнена. Как только они заговорили своим голосом, появляется возможность у Господа даже их просьбу исполнить.

Сколь важна правда в молитве, даже бесовской. И - сколь выше эти бесы тех людей, которые не просят

Господа ни о чем, и даже совершенно не веруют в Него, и даже утверждают, что Его никогда не было на земле.

Бесы же в это не только веруют, но даже непрестанно чувствуют силу, власть и огненный Дух Царя миров - Господа Иисуса Христа. Вседержитель все держит в Своей власти. Ему повинуются горы и холмы, моря и бездны, ангелы и бесы. Ангелы с радостным трепетом и блаженством; бесы - с мучительным трепетом и скрежетом. И только человек на земле не хочет знать Бога и Его силы, будучи во власти Его каждое мгновение.

Бесы хотят войти в свиней, задержаться хоть как-нибудь в атмосфере земли. Только бы им не "идти в бездну"! "Бездна" же - это глубина самости твари, отъединившейся от Бога, предельно замкнувшейся в себя, ни в чем не имеющей себе удовлетворения, мучающейся ненасытимым мучением духовным.

За неимением внутреннего благодатного удовлетворения в общении с Богом тварный дух находит себе призрачное удовлетворение в постороннем для себя предмете, связывая себя с ним и неистинно насыщая себя общением с ним. Такова природа всякого блуда, всякого неистинного удовлетворения своего "я". Греховная, недозволенная Господом страсть души (или тела) таит в себе элемент наслаждения, ангелам неведомого, но бесам очень знакомого. Бесы тоже испытывают его призрачное наслаждение, после которого "бездна" жизни становится для них еще мучительнее и ужаснее.

Призрачное обладание свиньями бесам казалось спасением от бездны страданий.

Не имеющая небесного мира в себе (мира, о котором Спаситель сказал: "Мир Мой даю вам") душа отошедшего с земли человека также неизбежно мучается и терзается, лишившись возможности удовлетворять себя чрез тело и наполнять свою пустоту, - привязанностью к земле, к телу, к мечте; к тому, что не Бог и что не в Боге.

Бесы гадаринские, теряя человека, хотят вампирически насладиться хоть какой-либо тварью. Свиньи наиболее близкая к ним тварь и наиболее "легкая", может быть, для нечистого духа, ибо Священное Писание ставит свиней образом плотской косности, запрещая метать духовные истины пред человеком, устремленным к земной пище, как свинья. Естественно, бесы хотят устремиться к свиньям. Только бы им не остаться без всякой жертвы, без всякой пищи, то есть без возможности кого-либо мучить и терзать в Божьем мире. Лишь бы не остаться им в этом страшном одиночестве собственной злобы, и не находящей для себя предмета похоти - самости, в самой себе' терзающейся мучениями ада... Поистине ужасна эта бездна, не имеющая никуда выхода из самой себя и не желающая открыться Богу.

На бесах поучим мы, люди, себя! Все зло, которое мы другим (то есть, прежде всего, самим себе) делаем, есть зло, выходящее из пустоты нашей, не заполненной светом Божьим. Гордые, мы, будучи пустыми, заполняем себя не жизнью Божественной, но призраками радостей, чтобы только не чувствовать ужасного своего - без бога - одиночества. Адская бездна непрестанно отверста пред нами, и мы, слепо страшась ее, слепо привязываем себя к тому, что само не вечно, что есть лишь туман над бездной... Смерть рассеивает туман и оставляет бездну.

Как гадаринские духи, мы, слепые люди, на земле

живущие, не обращаем лица ко Господу - Солнцу Правды и Жизни, но ищем себе "свиней", - лишь бы не обнаружилась пред нами самими наша пустота.

Что такое "свинья" для нашего человеческого духа? Это, прежде всего, наше собственное тело, когда оно отделено, в нашем сознании, от нашего духа и от его благодатных задач на земле. Это - наше тело, если мы к нему пристращаемся и служим ему с тем вниманием, с которым мы должны служить одному Господу Богу, и воскуряем этому телу чувственными удовольствиями безмерными и .беззаконными. Вожделение, пленение красотой или просто самой телесностью тела, бесчисленные грехи и поползновения ко греху блуда - все это искание и нахождение "свиньи".

Свиньей, притягивающей нас, бывает и всякий предмет, вызывающий в нас чрезмерное к себе пристрастие; идол, затмевающий в нашем сердце сияние Господа. "Свинья" - это всякое заполнение пустоты своей - не Господом.

Не желая, как и бесы, идти в бездну, мы, люди, часто даже не просим Господа позволения войти нам в нашу свинью. Мы сами врываемся в своих свиней...

Исповедуем это пред Тобою, Господи! Ты видишь Сам, что не имеем мы даже страха Твоих бесов и их послушания Твоему велению. Волей мы оставляем Тебя, Источник воды, текущей в Жизнь, и прилепляемся к призракам пустыни; пьем воду из источников миражей.

Оттого так трудно и мучительно складывается жизнь человека в мире.

Неужели мы не поверим Христу? Если бы бесы, эти жуткие темные духи, вместо своих бесплодных попыток спастись от бездны - свиньями и их обладанием, повергались бы к ногам Милосердного Господа и возопили бы, как некоторые люди, видящие истину: "Господи, Иисусе Христе, Сыне Божий, помилуй нас, грешных!" - простил бы их Господь, ищущий Свою милость излить на тех, кто бы принял эту милость, - (и обратились бы бесы в ангелов; и ушли бы на небо, в неизреченный Свет Божий!

Но гордыня и злая воля мешают им.

Они мешают и нам, людям, припасть к сандалиям Иисусовым, - к любви Божьей, ходящей среди нас и ради нас по земле!

IV

Бесы засвидетельствовали в мире власть Иисусову, которую не хотят признавать столько людей.

Власть Иисусова распорядилась бесами как покорно дрожащей тварью - и проявила их в мире. Чтобы люди не считали бесплотный мир несуществующим; но знали бы своих врагов невидимых как видимых.

Самое большое поражение бесов - когда их обнаруживают, срывают с них личину, которой они прикрываются в мире.

То, что бесы открылись пред глазами всего мира - это даже большее их поражение, чем то, что они были изгнаны.

Они все делают, чтобы остаться в мире сокрытыми... Самоубийцы, пред самоубийством своим, совсем не знают, что около них стоит гадкий (невыразимо) злой дух, понуждая их убить тело, разбить драгоценный "глиняный сосуд", хранящий душу до сроков Божьих. И советует этот дух, и убеждает, и настаивает, и понуждает, и запугивает всякими страхами: только, чтобы человек нажал гашетку или перескочил через подоконник, убегая от жизни, от своего нестерпимого томления... Человек и не догадывается, что "нестерпимое томление" не от жизни, а от того, от кого и все мысли, "обосновывающие" убиение себя. Человек думает, что это он сам рассуждает, и приходит к самоубийственному заключению. Но это совсем не он, а его мыслями говорит тот, кого Господь назвал "человекоубийцей искони". Человек только безвольно соглашается, невидимо для себя берет грех диавола на себя, сочетается с грехом и с диаволом... Одно покаянное молитвенное слово, одно мысленное хотя бы начертание спасительного Креста и с верою воззрение на него - и паутина зла расторгнута, человек спасен силой Божьей от своей гибели... Только малая искра живой веры и преданности Богу - и спасен человек! Но все ли люди, спасшиеся от убиения себя или от какого-либо другого греха, понимают, что около них стоял (а может быть, и еще стоит, или иногда к ним приближается) отвратительный злой дух, существо, обнаруживаемое только некоей духовной чуткостью и обостренным духовным вниманием?

Далеко не все (даже христиане) отдают себе отчет в действиях и проявлениях злых духов, о которых с такой удивляющей силой и ясностью говорит Слово Божие.

Отравленные постоянным скептицизмом, неопытные в делах духа - "дети" (по возрасту духовному, но не по смирению) - даже седовласые старцы оспаривают реальное существование злых духов. А есть такие обыватели, которые только шутят и смеются, когда им говорят о невидимых злых силах... Не подозревают эти люди, что само их грубое неверие в то, о чем говорил Спаситель и опытно (вполне экспериментально-научно) утверждали апостолы и все святые в мире, это само их неверие - одно из проявлений влияния того духа, которого они отрицают.

Есть другая кознь у бесов: заставить людей понимать свое существование лишь в "символическом" смысле.

Обнаружение бесовской силы в мире полезно для людей. И духовно-внимательный человек найдет себе всегда, что заметить, в этом отношении, среди окружающего мира и в глубине своей собственной человеческой совести. Если же он встанет на путь настоящей, трезвенной духовной жизни - пред его духовным взором откроются многие тайны.

Почему Господь, изгнав бесов из человека, "позволил им" войти в свиней? Почему не изгнал их в бездну? Потому же, конечно, почему допустил их и овладеть человеком. Для обнаружения их в мире. Для возбуждения всего человечества против них; для привлечения людей к Себе. Бесами должно наиболее ярко выявиться зло пред нравственно инертным сознанием человечества.

Если бы бесы, после своего изгнания из человека, совсем ушли бы с земли в свою бездну, люди имели бы случай подумать, что бесноватого мучили не бесы, а какая-нибудь простая физическая болезнь. Например, "нервы", на которые в наш век очень легко ссылаться ученым и неученым людям. Никто, конечно, не знает в мире, каким образом физические ниточки в теле человека могут порождать чисто нравственные явления добра и зла: например, заставлять людей благословлять Имя Божие или страшными словами хулить это Благословенное Имя. Но слово "нервы" объясняет для некоторых людей все. Им делается сразу ясной вся тайна жизни.

Благодушный и очень современный "позитивизм" этот имеет ныне многих сторонников, несмотря на все события в мире и на быстрое приближение мира к последнему Дню Господню.

Гадаринские жители тоже, может быть, как-нибудь по-житейски, по-своему объяснили бы исцеление бесноватого, если бы не пострадали от бесов.

Зная это неверие человеческое, Господь все делал, чтобы научить людей веровать в невидимый мир.

Исполняя молитву даже бесов, Господь поучает людей: есть бесы в мире! Есть невидимая сила, бесконечно коварная и лживая, но во всем подчиненная Господу, кроме коварной воли своей, которую Господь не может принудить к добру. Ибо сущность истинного добра исключает всякое принуждение к нему.

Да, есть бесы в мире! Нужна борьба с ними. Нужна бодрственность в этой борьбе, нужны внимание и вера непоколебимая в силу Христову, разрушающую все твердыни врага. Нужна защита Христова... Этой истине пришел научить Господь.

И мы видим, как одержимые животные, только что здесь мирно пасшиеся у прибрежных скал, вдруг охваченные каким то невидимым вихрем, среди ясной погоды, вопреки всякому инстинкту самосохранения, бросаются с крутизны в озеро и - тонут.

Так бросаются люди на всякие безрассудные поступки, их самих ужасающие... Сколько убийств и самоубийств предотвращенных, сколько семейных очагов сохраненных, сколько преступлений избегнутых - от одного только воззрения человека на Слово и на Крест, видимо и невидимо останавливающий человеческую душу на пороге падения.

V

"И бросилось стадо с крутизны в озеро и потонуло"... Что же случилось дальше?

"Пастухи, видя происшедшее, побежали и рассказали в городе и в селениях. И вышли видеть происшедшее"... потянулись отовсюду гадаринские люди, чтобы посмотреть на то, что произошло. Дальнейшее евангельское повествование позволяет нам предположить, что этих людей влекло к месту события, прежде всего, любопытство. Любопытство и теперь в мире шествует часто пред всеми другими душевными человеческими чувствами, не только добрыми, но и злыми. Оно идет часто даже пред милосердием и состраданием. Оно опережает страх и чувство самосохранения. "Происшествие" для человека есть нечто, столь же необходимое в жизни, как хлеб. Извращенная природа человеческая созерцает мир не как отражение небесной гармонии, где каждая мелочь драгоценна своим непосредственным отношением к великому целому Божьего мира; падшая природа человека созерцает мир как

106

скучную бессмысленность, где можно лишь отыскивать себе различные приятности и где непрестанно происходят различной любопытности события. Люди устремляются к "новостям"... "Новостями" закрыт в мире вход к Божественным Тайнам.

Жители гадаринские поспешили, конечно, к необычайному происшествию. "И пришедши к Иисусу, нашли человека, из которого вышли бесы, сидящего у ног Иисуса, одетого и в здравом уме; и ужаснулись". Было чему ужаснуться, отчего вострепетать. Явное чудо - действие силы сверхъестественной. Не исцеление даже, а поистине воскрешение к жизни человека, жившего во гробах.

И без всяких рассказов было явно чудо. Однако, подтверждая видимое, свидетели события "рассказали" всем прибежавшим из города и селений, "как исцелился бесновавшийся".

Что же происходит?... Жители, конечно, падают на колени от благодарности к Богу, что к ним пришел столь великий Целитель? Они радуются о спасенном человеке, которого столько времени видели гибнущим? Они, конечно, указывают Спасителю на других бесноватых и больных, прося об исцелении их? Они приглашают Спасителя к себе, просят Его осчастливить их - войти в глубь страны?... Если бы все случилось так! Но случилось совсем иное...

Погубив свиней, бесы, хотя и не получили права опять войти в людей, но несомненно утешились, видя свои собственные чувства и желания в душах гадаринских жителей.

Гадаринские жители просили Иисуса отойти от пределов их... "И просил Его весь народ Гадаринской окрестности удалиться от них".

Кто из нас никогда не был виновен в этом грехе, пусть первый бросит в них камень! Мне совесть моя не позволяет этого сделать, хотя я и чувствую всю страшную греховность поступка гадаринцев... Запретить вход в свои пределы, в свои жилища Воплощенному Живому Богу, Творцу неба и земли! Что может быть необычайнее и чудовищнее этого поступка? И вместе с тем - нет в мире и ничего обычнее этого поступка. В нем виновен решительно каждый, живущий на земле. В нем повинны все, не взирающие на небо и не обращающие взора к Сыну Человеческому. Ежедневно и ежечасно мы не пускаем нашего Господа и Спасителя войти в наши пределы; не пускаем к себе Его, стоящего около нашего человеческого сердца... "Се стою у двери и стучу". (Откр. 3, 20). Кто отворяет Ему? Кто радуется его стуку? Кто ловит и удерживает Его голос, помнит его среди своей жизни?... Но не будем говорить о внутренних, тонких и постоянных отречениях от Его духа, которых никто в мире не видит, кроме ангелов. Сколько в человечестве и совершенно открытого, грубого, дерзкого неповиновения воле Божией, восстания против истины Христовой.

Христос так же гоним в Своем мире, как Он был гоним в Своей Иудее.

Гадаринские жители, которые не хотели Его пустить в свою страну, были все-таки лучше современных жителей земли. "И просил Его весь народ Гадаринской окрестности удалиться от них". Подумайте, они просят Господа. Разве просят сейчас Господа, чтобы Он удалился от той или другой страны? Это - слишком богобоязненно для современности! Сейчас просто изгоняют Господа из человеческих сердец, из юношеского разума, из святой детской молитвы; грубо не пускают Его войти в человеческое сердце. Сколько лживых теорий о христианстве! Сколько неправды о Сыне Божьем! Как презираем Он во многих учениях человеческих; как искажен Лик Его Божественный и унижается Его Истина...

Не нашим странам европейским осуждать Гадаринскую страну. Не современным цивилизованным народам осуждать гадаринцев.

VI

Оставим гадаринцев на суд того Слова, Которого они не захотели слышать, но Славу Которого они видели.

Чтобы научиться нам самим лучше следовать за Господом и никогда не отвергать Его, вникнем в причины их человеческого ослепления.

Почему человек не принимает Господа?

Разве не Помощник Господь во всем благом и светлом, к чему неудержимо стремится, в конце концов, даже омраченное человеческое сердце?

Ведь Господь - "Да" и "Аминь" всякому живому и доброму чувству, всякому идеальному стремлению, которое (хотя бы и в извращенном виде) живет в каждом человеке. Почему человек не принимает свою небесную радость? Гадаринцы опечалились гибелью своих свиней.

Гадаринцы пожалели себя и испугались за себя. Неистинно пожалели себя, и неистинно за себя испугались. Надо было бы им иначе себя пожалеть, иначе за себя испугаться.

Гадаринцы в Господе увидели своего Разорителя. Божественный Разоритель зла и неправды, истребитель бесовской власти над миром, Господь, явился гадаринцам как житейский разоритель их имущества. Все другое померкло для гадаринских глаз. Эти глаза, раскрытые испугом, увидели только ужасную для себя истину: свиней, исчезнувших в светлой глубине Галилейского озера.

Надо было ожидать повторения подобных событий и в глубине страны, если бы Галилейский Чудотворец прошел туда. И невыносима показалась мысль о таком своем разорении.

"Маммона" - страшный и мерзкий бог материальных ценностей и земных имуществ - более, чем Бог Живой, царствует в сердцах человеческих. Жадно держится человек за свою пыль, за свою грязь. Понимает, что все материальное, не исключая его собственного тела, - прах, и очень быстро обращается в прах. Однако - такова сила греха - человек "приворожен" к земным ценностям. Ради них - все войны, все революции, все преступления. Ради богатства - все бесчеловечие богатых людей и все зверство - бедных... "Не можете работать Богу и маммоне!" - "Нет, можем!" А другие, более искренние, как гадаринцы, говорят; "Удались от нас такой Бог, которому надо отдать все сердце!"

Господь безжалостен - блаженно безжалостен, целительно безжалостен к нам, людям! Не было бы нам спасения, если бы Господь нас пожалел так, как многим хочется, чтобы Он жалел их. Нужна особая молитва, от лица всего человечества, о том, чтобы Господь не жалел нас! Но - целительными прижиганиями мучил нас, выжигая смрадные язвы нашего духа. Гадаринцы "пожалели" себя!... Если бы они были безжалостны к себе, до них достигло бы Царствие Божие... Неправедная, плотская, "душевная" жалость человека к себе самому - один из источников всех наших падений и всех отречений от Христа. Гадаринцы не взяли, не понесли Креста своего.

Как часто мы подобны бываем гадаринским жителям. Легионы греховных привычек и привязанностей держат нас вдали от Сладчайшего Господа... Даже, какая-нибудь папироска отлучает людей нередко от Святых Тайн!

Мы просим Его во многих случаях жизни, чтобы Он "не приходил к нам; или - не всегда бы приходил к нам... Иногда мы понуждаем Его уйти от нас - тем, что мы не просим Его остаться с нами.

Не зовущий Господа - гонит Его! Гадаринцы лишились благ, о безмерности которых только ангелы на небесах говорить могут.

Как раскрылся "мир сей" на земле гадаринской, озаренной солнцем видимым, и, еще более - Солнцем невидимым! - "И просил Его весь народ Гадаринской окрестности удалиться от них, потому что они объяты были великим страхом". Страх, что владел бесами, владеет и людьми.

Боятся люди потерять жалкое имущество от светлой руки

Воскресителя жизни. И спешат отказаться от Воскресения. Не знают, что, может быть, сегодня же смерть возьмет их... Спаситель принесен в жертву. Лишь бы свиньи остались целы. Этой ценой покупается материалистическая культура и вся ее философия.

Бедные, слепые люди!... Как плакал о них Господь, когда возвращался из их страны. Мы знаем из древнего свидетельства, что Господь наш никогда не смеялся, но часто Его видели плачущим. Конечно, Он плакал и о гадаринцах.

Если бы они теперь, из загробного мира, могли видеть наш мир, они бы, несомненно, захотели - как евангельский богач, неожиданно умерший, - послать к нам кого-нибудь, чтобы предупредить нас о непрочности земного богатства и о реальности духовных страданий за пределами этого мира.

Но вместо их загробной мольбы о непрочности мира мы имеем большее свидетельство этой истины: Слово Христово в мире.

VII

Было бы слишком печально кончать евангельскую повесть о гадаринском событии, если бы не было у нее всеутешающего конца: "Человек же, из которого вышли бесы, просил Его, чтобы быть с Ним". Единственно, кому хотелось остаться крепко около Иисуса, это - исцеленному человеку.

Великое, по внутреннему духу своему, но, по влиянию на мир, "малое стадо" Иисусово есть Церковь исцеленных душ. "Кому мало оставляется, тот мало любит". Простирающиеся ко Господу - это все те, кому "много оставлено" - много прощено грехов, исцелено язв... В это малое стадо устремляющихся ко Христу душ и вошел исцеленный гадаринскии страдалец.

Как о евангельском слепорожденном, о нем можно сказать, что его страдание было - "да явится на нем слава Божия". Ради этого и все страдание человеческое. Этим оно все объяснено, все оправдано. Пусть умолкнут те, которые не имеют крыльев, чтобы воспарить от человеческого страдания к Славе Божией! Эти крылья дает только Христос; и они называются верой, которая начинается надеждой и кончается любовью.

Господь не оставил преданного Себе человека в бездействии около Себя... Господь нас зовет к Себе для того, чтобы, соединив навеки с Собою, послать нас опять в мир; чтобы, Христом обновленные и исцеленные, мы служили людям, которых зовет Он; которым столь же сладко будет с нашим Господом, как и нам.

Хотелось освобожденному от зла человеку навсегда остаться у Христа. Он сначала понял это недостаточно глубоко. "Но Иисус отпустил его, сказав: возвратись в дом твой и расскажи, что сотворил тебе Бог. Он пошел и проповедовал по всему городу, что сотворил ему Иисус".

Так и всякий, кто хочет остаться при Христе, научается жизни во Христе.

Богатство в нас

Всем людям даны таланты, способности, возможности... "Каждому по силе его". В Евангелии сказано о том, что люди делают со своими талантами. "Получивший пять талантов пошел, употребил их в дело и приобрел другие пять талантов; также и получивший два таланта, приобрел другие два; получивший же один талант пошел и закопал его в землю" (Мф. XXV)... "Талантом" считалась большая денежная единица, наивысшая весовая единица в таблице греческих мер. Что видно из евангельского слова? То, что некоторые люди проявляют, что называется "творческое отношение к жизни", умножая свои дары и способности, которые получили от Бога; а другие оказываются менее трудолюбивыми, третьи - даже совсем ленивыми, нерадивыми, практически неверующими в Того, Кто есть Источник всех ценностей и хочет умножения их в жизни.

Каждый человек имеет свои таланты - физические, душевные и духовные. Они даны. Но от нас зависит, что мы с этими талантами сделаем, на что употребим, зароем ли свои способности в землю, т.е. в свой эгоизм, или принесем добрый плод в жизни своей и других людей.

Человек призван ответить Богу жизнью на дар жизни. Ему надо разработать свой "участок", свою способность к истине, свое чувство добра, мира, справедливости, чистоты, любви, человеколюбия... Результат своей жизни каждый из нас увидит после ее окончания. Этот результат проявится на Божьем Суде... Некоторые люди легкомысленно думают, что бесследно исчезнут, после своей физической смерти и останутся в мире лишь, так сказать, не персонально: в воде, например, в виде химических элементов, или в шаткой земной памяти людей. Но оставаться человеку только в "каплях воды", в "пылинках серы", или в иных частицах материи, это значит нигде не оставаться. И земная память о человеке, такая же проходящая, как и вся земная жизнь, толстым слоем забвения покрыты слова и дела множества людей и народов прошлых эпох и цивилизаций!

Ценность человека - в высшем этаже. И, как бы незначителен ни был на земле человек, он таит чудесное начало вечности. И от него самого только зависит умножит ли он верою своей и нравственным действием добро в мире, или - нет. Мы все призваны быть добрыми, правдивыми, чистыми, верующими в Светлый Источник своей жизни - Бога Живого. Мы все призваны к активности в добре. И каждый является "кузнецом" своего счастья, если под счастьем понимать внутреннее благо добра и мира. Благо высшее каждому предложено. В каждого человека оно положено, как закваска... Ворота в Вечную Жизнь отворены для всех... А войдет в них только тот человек, который поверит в свое благо, поверит в свое высшее счастье. "Материал" для счастья ему дан в задачах и целях жизни. Но, чтобы "взрастить" в себе жизнь истинную, надо прежде всего человеку духовно прозреть, увидеть высший смысл своей жизни и истину Божественного Бытия. Часто люди сами не знают до какой степени они близки к своему высокому благу...

У русского поэта, Маргариты Алигер, есть краткое стихотворение: "Двое". Оно открывает верное понимание человека.

"Опять они поссорились в трамвае,
Не сдерживаясь, не стыдясь чужих...
Но, зависти невольно не скрывая,
Взволновано глядела я на них.
Они не знают, как они счастливы,
Взволновано глядела я на них.
И некому им это подсказать.
Подумать только: рядом, оба живы,
И можно все исправить и понять".

Ссорящиеся (особенно, по пустякам) люди, в каком то отношении слепы: около них, в них - чудесная тайна жизни, но

114

они ее не видят. Тайна человека в том, что он есть нравственное существо, бытие духовное, призванное к все более и более высокому самосознанию... И конечно мелкими житейскими обстоятельствами, их шелухой, нельзя определять свои отношения и к жизни, и к другим людям. Поэт увидел тайну людей "поссорившихся в трамвае". Надо человеку в себе и в других увидеть душу, огромные нравственные возможности и чудесную цель жизни. Этому и учит истинная религия. Не приниженности человека (как неверно думают некоторые) она учит, но открывает перед людьми высочайшую перспективу: быть "детьми Божьими". Это несравненно важнее, чем принадлежать к "аристократии" или к "пролетариату" (понятия жалкие и условные!). "Дети Божьи", это значит души живые, рожденные для совершенства и бессмертия... "Смотрите, какую любовь дал нам Отец, чтобы называться и быть детьми Божьими... Возлюбленные! Мы теперь дети Божьи" (1 Ин. III, 12).

Много есть на свете мудрецов и поэтов, которые, как этот русский поэт, хотели бы "подсказать" всем людям мелко ссорящимся в своих трамваях и квартирах, что они - братья, что они "дети Божьи" и пред ними путь высокого совершенства и слава бессмертия.

То, что надо помнить

C. S. Lewis построил одну из своих книг на воображаемых "письмах старого диавола к своему племяннику". В этих "письмах" опытный диавол учит своего молодого и неопытного племянника анализировать проблемы современного человечества и вскрывать подсознательный мир людей, играя на их слабостях, пороках и недостатках. Книга Лиса тонко показывает психологический процесс разложения людей злом. Старый диавол учит своего "племянника" отдалять людей от Бога всеми средствами и путями. Чтобы преуспеть в этом, он считает очень существенным непрестанно показывать людям призраки будущего, никогда не давая его; - манить людей миражами, убеждая их идти на преступления сегодня, ради - счастья завтра.

Блаженство души вне нравственной области, конечно, недостижимо; но, ради магического, только внешними средствами достигаемого, счастья человек способен сотни раз отречься от святыни и сотворить всякое зло, - отвергнуть Творца и предать брата... В этом направлении диавол и хочет "помогать" людям.

Творец дал человеку жизнь для достижения светлой вечности. Бог хочет, чтобы люди жили светлой вечностью в каждой точке своего земного времени, которая и есть единственное их "настоящее". Только мгновение настоящего есть точка соприкосновения человека с реальностью Вечного. Только настоящее, собственно и есть у человека, у его свободной воли. И Бог открыл нам, что мы, верою, можем получить от Него силу и благодать, для каждого настоящего мгновения. Оттого дело диавольское, в значительной мере, сводится к тому, чтобы отводить людей от Божьей благодати в настоящем мгновении. Злой дух заставляет людей жить всё время "будущим". То, что будущее скрыто от человека и не подлежит его планировке, этого человек не осознает. И трудясь только во имя материалистически понимаемого "будущего",

116

люди, в сущности, живут вне реального бытия. Это нереальное, для души человека, с материалистическое "будущее" и есть подлинный "опиум" души.

Понятие "будущего" менее всего похоже на "вечное" - говорит Льюис. "Будущее" есть самая "временная", самая нереальная часть времени человека.

Бог хочет, чтобы люди думали и о будущем, но лишь в меру подготовки настоящих дел добра и справедливости. Подготовка к вечному есть долг и настоящего мгновения. Бог хочет, чтобы, в служении Ему и другим людям, человек не отдавал всего своего сердца "будущему", а жил вечным в настоящем. Но этого, как раз, не хотят злые духи. Им нужно, чтобы человечество всегда "гналось за радугой, никогда не настигая ее"; им надо, чтобы в этой погоне люди забывали смысл и цель жизни, и драгоценность каждого своего мгновения, для дел добра и справедливости.

Диавол называет тишину "ужасной силой"; он призывает заполнять жизнь шумом. "Всякое мгновение человеческое должно быть заполнено великой динамикой, шумом, фанфарами, "возвещающими торжественность и беспощадность". Шум - единственная самозащита зла от голоса тихой человеческой совести, от тихого Слова Божьего... "Весь мир мы обратим в Шум"! - говорит диавол. "И мы достигли уже немалого в этом направлении, но (вынужден признать злой дух) силы злые еще недостаточно шумны в мире".

С большой проницательностью, Льюис показывает свойства социальных учений и утопий, культивирующих антибожеское начало, обманывающих людей призраком будущего.

У Леонида Леонова, в восьмой главе, второй части романа "Русский Лес", есть характерная беседа русской девушки идеалистки Поли с деятелем комсомола, Сапожковым. Высокими, манящими словами о будущем благоденствии народов в результате начавшихся строек Сапожков вскружил голову Поле... "Ну, а дальше что?", - спрашивает Поля Сапожков. "В каком смысле... дальше?... " - "Я хотела, - говорит девушка, - спросить, что дальше, через сто лет... когда всё необходимое будет построено, враги побиты и старый мир останется позади"? Такой простой вопрос девушки ставит Сапожкова в тупик, и он спешит окончить беседу с Полей. "Извини, Вихрова, временно не могу приоткрыть тебе этот секрет истории: это пока великая тайна! Заходи лет через сто... тогда на досуге обсудим планы на будущее"... Так отшутился материалист, вместо того, чтобы ответить на глубокий вопрос русской девушки. Но что мог он тут сказать? Свободное развитие идей ему не рекомендуется.

Призраком, манившим народы к счастливому будущему, прошел с фанфарами по Европе и исчез национал-социализм. И сколько миражей исчезло в истории! Но шествие в мир мифов, основанных на неверии в бессмертную душу человека, продолжается и при всё тех же фанфарах обоготворения будущего. Все гремят они, эти фанфары, заглушая человеческую совесть и веру человека в высший мир. Не в спокойном; строительстве утверждается человеческий труд, а в совершении каких то исключительных дел, магических скачков в будущее количество и, механически будто бы идущее за ним, качество. Шумные лозунги ткут легенду "будущего"... Только о смерти своей забыл человек. И о зле своем забыл. Зло и смерть не истребятся никакими материальными средствами, никаким строительством, никакими космонавтами. И не закрыться от зла и смерти никаким шумом. Есть одно только спасение: Христос Воскресший.

О евангельских и не евангельских грешниках

Когда смотришь на евангельских грешников, слушаешь их слова и видишь их поступки, невольно думаешь, какие эти грешники, в сущности, хорошие люди по сравнению с нами, с людьми нашей эпохи.

Вот, разъяренная нарушением заповеди Божьей, толпа подходит к Спасителю. Она влечет женщину, "взятую в прелюбодеянии", и готова ее за это побить камнями... Как благоговейно эта толпа выслушивает мудрый и кроткий ответ Спасителя на свой вопрос, и как сильно, живо говорит в это время совесть человеческая в каждом из этой толпы... Разве нечто такое возможно теперь? Безмолвные, обличаемые внутренним судом совести, эти грешники рассеиваются... Разве это могло бы произойти теперь? Трудно, во первых, предположить, что люди наших лет, столь искренне и так религиозно стали бы возмущаться прелюбодеянием; этот грех теперь приукрашен, обвит всеми бумажными лентами литературы, театра, фильма. Это область бесчисленных подражаний, особого тщеславия и своей героики. Разве возможно сейчас проявление такого религиозного отношения к греху, как у этой еврейской и языческой иерусалимской толпы? Трудно себе представить, чтобы люди в каком-либо социальном современном коллективе могли так огненно ревновать об исполнении Божьего закона и так божественно глубоко стыдиться при обличения тихого и кроткого голоса духовного Учителя... Смотрите, как начали все эти люди, один за другим, уходить "обличаемые совестью" своей! Не многие общественные обвинители ближнего могли бы сейчас проявить такую нравственную чуткость.

А грешный евангельский блудный сын... Как поражает он сознание наше тонкостью и глубиной своего покаяния. Удивительная душа, смиренностью своих чувств: "Отец, я недостоин называться твоим сыном, прими меня, как одного из наемников Твоих".

Встают перед нами и великие евангельские преступники, солгавшие Духу Святому, Анания и Сапфира... Внезапно они умирают от своего греха, утаив часть ими же самими добровольно отданного Богу имения. По сравнению с духовными лицемерами наших дней, не младенцы ли даже они?... Сколько христиан и пастырей в наши дни обещают Господу Богу отдать всю свою жизнь, а отдают лишь ничтожную ее часть, утаивая прочее для своих эгоистических целей.

А мытари, современные Господу Иисусу Христу, эти сборщики налогов, нечестные чиновники первого века, которых так гнушался палестинский народ, не дети ли и они по сравнению со многими чиновниками наших дней во всех странах и народах мира?

Даже классический, вспоминаемый человечеством постоянно, разбойник Варавва, освобожденный Пилатом вместо Христа, и, несомненно, убивший кого-нибудь на дороге, - как можно определить его преступление по сравнению с методическим и сознательно-беспощадным умерщвлением, "ради государственной пользы", в наши дни, миллионов невинных жертв, с их женами и детьми?

Посмотрите на Закхея мытаря - как он горячо устремляется к дереву, чтобы взобраться на него и увидеть Спасителя! Как он хочет увидеть Спасителя!

Как он радуется, что увидит Спасителя... Евангелие учит нас не только своими праведниками; оно нас ведет к покаянию, к Богу и образами своих грешников, их человечностью, их чуткостью к добру.

Вот они несут драгоценный алавастровый сосуд с миром и разбивают его, чтоб помазать тело Иисусово; вот они горько плачут после своего отречения; вот они останавливаются на дороге, как Савл, пораженные небесным видением... Все они изменяют свою жизнь, или, осуждая себя, на кресте своем, просят Господа "помянуть их".

Где наше миро, где наши слезы, где чуткость нашей совести, обличающей нас?... Ничего этого не видно. Мы предаемся своим планам, проектам, чувствам, страстям и забываем кроткую, любящую нас истину Христову. Мы ушли далеко, не только от Евангелия, но даже от евангельских грешников!

Великую силу Господь вложил в Свое Слово. Древние грешники удивляют нас своей человечностью и смиренностью, светящейся сквозь их грех. Образами этих грешников, лишенных черт нашего бесконечного самодовольства и самолюбования, Господь хотел вразумить нас и утешить - ведь и мы тоже можем стать такими же человечными грешниками, если невозможна для нас большая любовь к Богу.

Господь хотел, может быть, вызвать в нас не слезы, а целые потоки слез, при сравнении наших чувств с переживаниями этих евангельских грешников. Мы видим ясно, что такое - грешники Евангелия, и что мы собою представляем, с нашей цивилизованностью.

Хвалящий себя в храме Иерусалима древний фарисей, конечно, дитя, по сравнению с открытой и прикрытой саморекламой многих общественных, политических, даже церковных деятелей нашего мира.

Евангельская греховность - это "пастушеская свирель" по сравнению с назойливой, оглушительной и бесстыдной музыкой греха наших дней. Не только единично, но и коллективно восстают люди нашего века против Духа Божия. Белое так настойчиво называется в мире черным, и черное - белым... "Горы, падите на нас, и холмы, покройте нас"!

Кто имеет и наши дни силу шептать смиренную молитву мытаря? Мы все считаем себя благополучными мытарями, а ближних своих - фарисеями.

Мы не раскаиваемся, как Петр, и не отдаем нищим "пол-имения", как Закхей, от одного только взгляда Иисусова... Если бы мы могли только забыть елей, как неразумные евангельские девы! Или только закопать талант в печальную землю, ничего греховного не приобретая на него. Если бы, отвращая взор от Самой Истины, мы могли бы заниматься только своими семейными делами или благодушно испытывать своих волов...

Но мы участвуем в преступлениях, входящих в мир, под видом особой заботы о людях и народах.

Даже самый великий грешник Евангелия - Иуда, среди отчаяния своего, осознал свой грех; и, если не раскаялся в нем истинно, пред Богом, то все же бросил свои преступные деньги, 30 сребреников, цену своего предательства, и, терзаемый совестью своей, сказал: "Предал я кровь неповинную". А разве не строится в наши дни, на невинных страданиях многих, мнимое благополучие людей и народов?

Вглядываясь в греховность, нам открытую в Евангелии, и всматриваясь в жизнь человечества, нельзя не видеть, что стоит уже "при дверях" Суд последний над миром.

Сияя нам праведностью своих праведников, Евангелие учит нас и образами своих грешников. Чтобы мы, ни в чем не видя своей правды, всю надежду возложили на Правду Христову. И, милостью Господа, вошли в нее.

Не кради

Каково должно быть истинное, религиозное отношение к собственности, к имуществу? Следуя слову своего Учителя и Господа, Христовы ученики все в мире считали Божьим, а не своим. Да, кроме нашего зла, которое принадлежит действительно нам, людям, все в мире есть собственность Божия! Тот, кто сотворил мир, тот в высшем смысле владеет всем. Верующий не может иначе мыслить. Все в мире - Божье, все - Христово. И человек сам принадлежит не себе, а Богу, - предназначен к вечной жизни в Боге. Но человек создан не как робот, а как сын. И призван свободно, сыновне принять волю Божью, найдя в ней высшую жизнь и радость.

Любовь создает общность и единство. Все, что имеет Отец, имеет и сын. Любовь стирает границу между "моим" и "твоим"; любовь соединяет людей и их имущество; а злоба, эгоизм, и тем более разбойническое насилие все время разрушают в мире любовь и границы между собственностью человека и - его личностью. Посягая на собственность человека, посягают на его личность. Эгоизм понуждает человека отнимать чужое и не отдавать своего. А любовь влечет человека беречь чужое и свое отдавать другим. Оттого идея материализма, как чуждая нравственного понимания мира и человека, не может создать настоящей общности между людьми; идея материализма противоположна самой сути духовной настоящей общности людей и углубляет разделение человеческое. Общность создается только чрез духовную область, область любви, доверия, веры, чрез дух любви, чрез живую веру и реальность Божьего и своего высшего бытия. Общность людей неосуществима через идею материализма.

На горе Синае людям был дан Божий Закон и дана была заповедь: "Не кради". Эта заповедь такая же ясная и понятная, как и заповеди: "Не убивай", "Не прелюбодействуй", ^Почитай отца своего и мать"... Десятой заповедью своей Божественный Закон запрещает даже чего-либо желать чужого и завидовать имуществу ближнего. Злом является все, что нарушает любовь к Богу и к человеку. Таким образом, заповедь Божья кладет основы настоящей человеческой культуры и открывает путь к высшей социальности и человечности. Философски говоря, всякая "собственность" ценна не сама по себе, а лишь как проекция - выражение и отражение - личности человека.

Потому никто из людей и не имеет права самовольно отнимать жизнь или имущество у своего ближнего. Человек имеет право только отдавать свою жизнь и свое имущество другим; отнимать же имущество человек имеет право лишь у самого себя. Образ такого, духом высокого человечества Христос показал в притче о Милосердном Самарянине. Милосердный Самарянин своей заботой и жертвенностью спас жизнь израненному разбойниками, лежавшему на дороге незнакомому человеку. Если свойства разбойников отнимать и свободу, и собственность, и жизнь других людей, то свойство истинного человека - помогать другим людям и делиться с ними своим имуществом и своими лучшими душевными чувствами, укрепляя и утешая жизнь окружающих людей. Таков путь настоящей человечности.

И наилучшая социальная возможность проявления высших человеческих чувств и дел создается в том обществе, где каждому человеку представляется возможность, не вредя другим, не унижая, не насилуя никого, свободно проявлять свои таланты на пользу окружающих, своего народа и всего мира. Только на этих принципах может создаться высшее единство людей, детей Единого Отца Небесного, Бога; создается личность на этих основах, здоровая семья, мирное общество свободных людей и мирное общение народов.

Эгоизм же - во всех его формах - разрушителен. Самый же худший эгоизм - это организованный эгоизм, когда люди специально соединяются друг с другом, чтобы проявлять эгоизм коллективно. Если один эгоист плох, то миллионы объединенных эгоистов будут в миллионы раз хуже и зловреднее. Оттого в правовом обществе ограничиваются законами и усмиряются не только отдельные личности, но и целые организованные коллективы людей.

Несправедливость в отношении хотя бы одного человека гибельно отражается на всех, потому что человечество есть один организм. Рабовладельческое общество было гибельно не только для рабов, но еще более - для самих рабовладельцев. Антирелигиозная мысль неверно говорит о том, что христианство будто бы оправдывало рабовладельчество или господство богатых. Все Священное Писание полно обличением неправедного и немилосердного богатства, эгоизма и хищничества людей. Имущественный достаток человека может быть благословением, только если он сопровождается милосердием и справедливостью. Пророки и апостолы учат человечество высшему братству, высшей общности. Все люди братья в Боге, т.к. сотворены одним Небесным Отцом; и во Христе, в евангельском духе, это братство осуществляется. Христова любовь и милосердие - единственно реальная сила настоящего (не фиктивного) единения людей.

В Первом своем Послании апостол Петр говорит верующим людям: "Если злословят вас за Имя Христово, то вы блаженны, ибо Дух славы, Дух Божий, почивает на вас... Только бы не пострадал кто из вас, как убийца, или вор, или злодей, или посягающий на чужое" (Петр. IV, 14-15).

Конечно, бывали в истории люди, называвшие себя "верующими", даже "пастырями", которые не были верны Христу, а льстили, угождали богатым, потворствовали сильным и не помогали бедным, не спасали порабощенных; но в этом они ярко шли против учения Церкви и Христовой веры. Истинные представители Христовой Церкви и веры в истории бывали всегда и служителями евангельской правды.

Русский проповедник тринадцатого века, епископ Серапион, так обличал нравы сильных людей своего времени, говоря им, что они "как зверье... несытством имения порабощали, не миловали сирот, не знали человеческого естества"... В рукописи пятнадцатого века "Измарагд" церковный проповедник обращается к немилосердным богачам, говоря: "Богач! Ты зажег на светильниках Церкви свои свечи. Но вот сюда пришли обидимые тобою рабы, сироты и вдовы с воздыханиями на тебя. Они слезами погасят твою свечу"... Архиепископ Великого Новгорода Ефрем запрещал священникам принимать дары для храма от людей немилосердных, которые "налагают работу не по силе... морят голодом, томят наготою..." Исторические памятники говорят об истинных пастырях всякого времени: "Должникам освобождение подавал, и сам отпускал долги; обидимым от насилующих и немилостивых судей заступник был".

Пророки, апостолы, пастыри, ученики Христовы, во всех народах, следуя Слову своего Учителя и Господа, возвещают духовную, т.е. самую глубокую революцию человечества. Ведь какие бы социальные реформы ни совершались и какие революции ни производились бы в мире - они ни к чему счастливому не приведут человечество, если сам человек будет оставаться эгоистом и в нем не будет совершаться духовный процесс борьбы за добро, за правду и любовь - т.е. та истинная революция мира, революция истины и любви, правды и добра, которую принес на землю Свет мира - Христос и, по вере человека, совершает ее в человеке.

Печать истины

Однажды в доме, куда Он был приглашен, Христос увидел, как "званные выбирали первые места". Заметив эту житейскую деталь, Господь, для Которого ничего не было в нравственном мире второстепенного, сказал слова, которые остались звучать над миром: "Когда ты будешь позван кем на брак, не садись на первое место, чтобы не случился кто из званных им почетнее тебя, и звавший тебя и его, подошедши, не сказал тебе: "Уступи ему место"; и тогда со стыдом должен будешь занять последнее место. Но, когда зван будешь, пришедши садись на последнее место, чтобы звавший тебя, подошедши, сказал: "Друг! Пересядь выше"; тогда будет тебе честь перед сидящими с тобою. Ибо всякий, возвышающий сам себя, унижен будет; а унижающий себя возвысится"(Лк. 14. 8-11).

Проявление человеческого самолюбия совершается чаще всего именно в житейской обстановке, в гостях, в гостиной, в столовой. Как и в древние времена, современный гость тоже хочет сесть на место более почетное. Такое местничество сильно было в ходу у бояр Московской Руси, которые (никак не являя в этом православного духа!) стремились Друг Друга "пересидеть" за царским столом; но, конечно, кроме трапез самых бедных людей, во всех странах мира идет, хотя и незаметное, соревнование в честолюбии. Скромность - трудная форма добра! Человек, болезненно думающий о том, как бы в чем не поставить себя ниже другого и как бы поставить себя выше другого, не способен к созидательному труду. Тем более к высшему, духовному. Это может быть более всего относится к нам, пастырям. Тщеславие есть признак не только нравственного, но и умственного застоя.

В мудрых и спокойных словах Христос открыл нам, людям, эту истину. Но перед тем как остро обличить человечество, Он выявил Свое Божественное милосердие, исцелив больного. Это было в доме "одного из начальников фарисейских" и случилось в субботу, в праздничный день, когда запрещалась всякая работа. Как в нашу эпоху, не понимали многие и тогда - в чем дух настоящего религиозного праздника, не понимали того, что он состоит не в мертвой букве внешнего "выполнения предписания", но истинный праздник религиозный есть день послушания Богу в духе и истине и выявлении милосердия.

И вот, не понимавшие этого религиозного смысла праздника люди сочли исцеление Христом больного в праздник нарушением заповеди о покое седьмого дня. Такова слепота людей. Но Господь пришел для спасения слепых... В тот день, когда Христос был у фарисеев в гостях, "предстал пред Него человек, страждущий водяною болезнью... Иисус спросил законников и фарисеев: позволительно ли врачевать в субботу? Они молчали. И, прикоснувшись, исцелил его и отпустил. При сем сказал им: если у кого из вас осел или вол упадет в колодезь, не тот час ли вытащит его и в субботу? И не могли отвечать Ему на это" (Лк. 14-26).

Дело человека - творить добро и помогать людям-братьям всегда и особенно - в религиозные праздники. Всякий день - день Божий, и есть добро Божье, и создан для добра. И праздник веры - это милосердие Божье и человеческое.

И, уча этой истине, Спаситель указал, что явлению милосердия более всего мешает человеческое самолюбие, и оттого, желая исцеления всем людям, Он сказал: "Всякий, возвышающий себя, унижен будет, а унижающий себя возвысится".

Многие в мире не знают духовных законов. Но эти законы существуют и опровергают неверие в духовный мир. Жалкое, отталкивающее впечатление производит на всех, - даже не религиозных - людей, человек, который сам себя хвалит. И чем больше человек собою похваляется и себя превозносит, тем более он кажется жалким для окружающих. Таково действие духовного закона. И чем человек скромнее, тем он приятнее для всех. Скромных все любят; тщеславные всех отталкивают. Мы ясно видим, что действует - даже в неверующих людях - непреложный закон. Неверующие тоже подчинены этому закону. И если они не ценят скромности в себе, они всегда ценят ее в других людях.

Мы не ошибемся, признав скромность одной из самых утешительных черт человеческой личности. Скромность, безусловно, равна милосердию, так как в силу одной своей скромности человек уже милосерд к другим людям - не надоедает им своими претензиями, не мучает их своим посягательством на какую-то значительность. Вольно и невольно, скромный всегда отдает честь, во первых, Богу, а потом и людям, которые все имеют от Бога свои дары.

Скромный оттого никогда в жизни не проигрывает; его таланты и достоинства не унижаются его скромностью, наоборот, еще больше вырастают. И скромность отнюдь также не означает слабости, как думают некоторые, опасаясь скромности; нет, она, только она, есть сила и доблесть духа. И в жизни обществ и народов "гордыня идет перед погибелью". Уровень культуры - прямо пропорционален скромности общественной и международной. И оттого Слово, создавшее миры, приняло на Себя жизнь скромного Человека и прошло страдальческим путем жизни, показывая дух скромности, как свет, ведущий в бесконечную славу Небесного Царства. Смирение Христа Иисуса стало печатью истины в человеке.

Похвала справедливости

Мы, люди, очень быстро подмечаем всякую несправедливость в отношении себя. На всех окружающих и даже на самого Господа Бога некоторые обижаются, если что не так у них в жизни получается, как они бы хотели. Но несправедливость, которую мы сами, люди, совершаем в мире, нам менее ясна. Мы даже ее вообще затрудняемся признавать.

Справедливость - какое прекрасное слово. Есть что-то божественное в нем. Оно вдохновляет, укоряет и мучает. Свято нас мучает, когда мы боремся за справедливость в отношении других людей, и в тоску ввергает нас, когда мы добиваемся полной справедливости, и часто в сущих пустяках, в отношении себя со стороны других.

Сама справедливость нас все время толкает и понуждает быть выше справедливости и никогда не быть ниже ее. И мы чувствуем в душе своей мир и радость, когда совершаем справедливость, и особенно когда становимся в своих чувствах выше справедливости. Стать над справедливостью - это значит войти уже в Царство Христовой любви.

Есть в нас, людях, чувства, которые можно назвать щедрыми, богатыми, например - любовь, великодушие, бескорыстие, самоотверженность. Но есть в нас и чувства более скромные, но в повседневной жизни, может быть, еще более для нас нужные - без которых жизнь в мире становится совсем невозможной. К этим скромным и тихим чувствам и относится справедливость. Она регулирует основы человеческой жизни и личной, и общественно-социальной, и государственной. К понятию этой справедливости следует отнести и простую честность, правдивость, уважение к другому человеку, к его жизни, к его слову, к его свободе. Свобода есть самая главная часть жизни другого человека. Свободу нужно охранять справедливостью. Справедливость формулируется заповедями, данными Богом человечеству на Синае. Все они говорят о справедливом Законе Божьем, данном человеку. И 10-я, последняя заповедь говорит о том, что несправедливость к другому человеку нельзя допускать даже в своих сокровенных желаниях. Нельзя желать ничего, что может нарушить жизнь и права другого.

Я назвал любовь щедрым, "богатым" чувством. Конечно, это относится не ко всякой любви, а лишь к самоотверженной и справедливой. Например, если родители, усыновившие ребенка, относятся к нему хуже, чем к своему родному, они в этом проявляют несправедливость. Так справедливость контролирует даже любовь.

Что говорит Библия о справедливости? Книга Иова говорит о Иове с похвалой: "Был человек этот непорочен, справедлив".

(Иов, 1, 1). Псалом 118 говорит о Боге: "Праведен Ты... и справедливы суды Твои". Из этого следует, что если мы не ощущаем Божественной справедливости в отношении себя, то совесть наша, значит, отстает от времени и от Истины Божьей.

Недавно один молодой человек рассказал мне о случившейся с ним неприятности. В связи с ограблением бензоколонки он, случайно находившийся вблизи этого места, был задержан. Пока выяснялись обстоятельства этого дела, он провел некоторое время в заключении. Меня удивила и порадовала реакция этого человека на такое событие, которое было несправедливостью в отношении его. Он сказал: попав в эту историю, я стал размышлять о случившемся и пришел к заключению, что в этом происшествии была своя нравственная закономерность, и я увидел в нем высшую справедливость. Дело в том, что я совершил однажды неморальный поступок, и он мне сошел с рук. И я должен был претерпеть какое-то страдание сейчас. Это справедливо... Я удивился такому нравственно-чистому, религиозному проникновению в суть жизни этого молодого человека, "Такова истинная вера в Бога", - подумал я.

Совесть, как чувство глобальной справедливости, врождено человеку (человек - "образ Божий"). У детей и молодых людей совесть бывает иногда более чуткой, чем у людей поживших и как бы придышавшихся к несправедливости этого мира. Идя в своей жизни путем нравственных компромиссов, человек постепенно опустошается душой и перестает чувствовать, когда бывает несправедлив к другому человеку, остро чувствуя, однако, всякую несправедливость других в отношении себя.

Милосердие к бедным псалом 87 называет не милосердием, а справедливостью; и это, конечно, справедливо. "Нищему оказывайте справедливость", - говорит Библия. Если у тебя два куска хлеба или две рубашки, а у человека, который рядом с тобой, нет хлеба и даже одной рубашки, то это даже не любовь, не милосердие, а просто справедливость, если ты отдашь один кусок и одну рубашку нуждающемуся. Говоря в послании к Ефесянам об уважении детей к родителям, апостол Павел называет уважение к родителям не подвигом и не самопожертвованием, а всего лишь справедливостью. Заповедь, данная Богом человеку: "Чти отца твоего и мать твою, да благо тебе будет и да долголетен будешь на земле" (единственная заповедь с обещанием) указывает на путь справедливости. Неуважение и невнимание к тем людям, которые для нас такое огромное дело сделали, родив нас в мир, были избраны Самим Богом стать нашим отцом и матерью, неуважение к родителям - есть глубокая, кричащая несправедливость. Далеко не все это чувствуют. Но когда сами испытают эту же несправедливость в отношении себя, со стороны своих детей, лучше понимают свой грех.

Благоразумный разбойник, вися на Голгофе рядом со Спасителем мира, останавливая другого, тоже распятого, но озлобленного разбойника, высказал мысль, показывающую ясность и честность его нравственного сознания и высокую его справедливость. Он так сказал своему, тоже распятому и умиравшему на кресте, товарищу: "... мы осуждены справедливо, потому что достойное по делам нашим приняли; а Он (т.е. Христос) ничего худого не сделал". (Лк. 23, 41). Ясно видно здесь двоякое явление справедливости: это признание человеком своей вины - признание невиновности другого человека. Вот пример честного, неэгоцентрического сознания.

Оно может открыться и в очень грешном человеке. Это иллюстрация к тому, что сказал Ф.М. Достоевский о человеке вообще и о русском человеке в своей книге "Записки из Мертвого дома". Достоевский увидел, что на дне души даже самого закоренелого преступника таится искра той человечности, в которой именно и проявляется Божий образ в человеке. Тут источник всей мировой справедливости. Свет идет от Бога чрез человека, протершего зеркальце своей души, снявшего с совести пыль и отражающего Божий Свет. Великое утешение мы испытываем в мире от явления всякой справедливости, независимо даже от того, имеет или не имеет она отношение лично к нам. Справедливость есть свет сам по себе. И когда мы к ней прикасаемся, мы переживаем чувство полноты жизни и радости. Бог тогда с нами. Это понял разбойник на Голгофском кресте. И оттого он вошел со Христом в Рай.

Самое великое торжество справедливости совершится на последнем Суде, когда Бог "отрет всякую слезу" с глаз человека. Все тогда будет названо своим подлинным именем, падет всякое ложное величие, и правда займет свое место. Это будет апофеоз всемирной справедливости и высшей любви.

Увидеть справедливость окружающих нас, испытать и свою справедливость в отношении людей - это большое счастье, так как высшая справедливость - выше справедливости, и имя ей любовь.

Проблема личности

Существует выражение: "закричать не своим голосом". Этот крик есть выпадение человека в дочеловеческую безличную стихию. Несмотря на весь технический прогресс нашего времени (а, отчасти, и благодаря ему), не мало людей в наши дни, кричат "не своим голосом" - от страха, страдания, недоумения, или возмущения жестокостью других. Но, может быть, еще более характерной чертой нашего времени является то, что многие люди в мире говорят не своим голосом. Личность человека стандартизируется, обобщается, стирается.

Удивительно то, что каждый из трех миллиардов людей земли обладает единственным, неповторимым и незабываемым голосом. Бессмертная личность запечатлена в каждом человеке и отражается в неповторимых чертах и выражениях его лица, во взгляде его, голосе и даже в особых линиях кожи его на пальцах... Птиц мы узнаем по общим их голосам, а человека - по личному, неповторимому, единственному, незабываемому голосу, взгляду и почерку. Не есть ли это яркое свидетельство бессмертной личности человеческой? Конечно.

Когда люди духовно отдаляются от своего Творца (тем более, когда - борются против Него) они этим уходят и от самих себя. А возвращаясь к Богу, веруя в Бога, человек возвращается к самому себе, к своей душе. Это и говорит притча Евангелия о блудном сыне, ушедшем от отца, а потом вернувшемся к нему. Таков закон духа: забывая Бога, человек забывает свое собственное лицо, деперсонализирует себя. Теряя истину, человек теряет с нею и жизнь. И все трудности и все неудачи человеческие (особенно в брачной и семейной жизни) связаны с этим.

К.И. Чуковский верно писал о стиле, обезличивающем человека и назвал этот стиль канцеляритом. "Канцелярит", не только область канцелярий, а и общественной жизни. Он есть одно из проявлений не своего голоса в человеке.

Этому способствует техническая цивилизация, если она не

134

побеждена светлым духом человека, не уравновешена культурой. Человек гордо и тщеславно покоряет землю и планеты, но - так редко и так недостаточно он царствует над своей душой, над своим словом, над искренностью своего слова и сердца... Оттого в мире так много людей кричат или говорят "не своим голосом". Не только отдельные личности, но и целые коллективы говорят стандартно, вопиют штампованной мыслью, на копейку правильной, на рубль ложной...

Ушедший от Бога, уходит и от самого себя. Развивается в человечестве мыслительная и волевая мимикрия, словесное и эмоциональное звукоподражание. Личности призваны быть неповторимыми, дополнять друг друга, служить друг другу своими особыми дарами и талантами. По сколько в мире слов, в которых ничего, или почти ничего нет, кроме звукоподражания. "Не своими", какими то чужими голосами люди вступают друг с другом в спор и даже диалог и растворяют друг друга в отвлеченностях, покрывая друг друга мертвыми лозунгами, стандартными квалификациями. Тут главная драма человечества. Только личный голос человека отражает правду, заложенную в самую глубину творения, в сущность человека.

В марксизме есть ходкая мысль о том, - что надо не столько думать и философствовать о мире, сколько изменять мир. За два тысячелетия до Маркса, эта мысль была высказана в Священном Писании, в гораздо более глубокой форме: "Вера без дел мертва", - вера человека "оправдывается от дел". А задолго и до этих апостольских слов, человеку было открыто, что он призван Богом возделывать землю своим творческим трудом и изменять ее, трудясь на ней "в поте лица своего". Но если человек будет пытаться "изменять мир", без осознания основного смысла жизни этого мира и своей жизни, руководствуясь только абстрактной мыслью о каком то титаническом изменении земли", то - ничего не получится из этого, кроме страдания и хаоса. К 70-м годам XX века мы уже хорошо знаем об этом. Оттого и знаменитая формула Маркса о необходимости не философствовать о мире, а "изменять мир" ничего сама по себе не означает. Цель, качество и средства такого "изменения" мира должны доказать свою благодатность. Народная мудрость остепеняет поверхностных активистов: "семь раз отмерь, один раз отрежь". Только посмотрев в святцы надо "бухать в колокол". Даже самое энергичное "изменение" чего либо, без светлого разума и духа, бессмысленно и бесчеловечно. И Исаак Сирин сказал, что даже любовь, высшее добро мира - несовершенна без мудрости. И идея "изменения мира" без глубинного понимания мира и человека, есть сила развязывающая зло.

Осмысливая историю, с ее тьмой и светом, постигая бессмертную глубину и высокую цель человеческой жизни, нельзя не прийти к выводу, что человеку, прежде всего, надо стать настоящим человеком, чтоб начать в лучшую сторону изменять мир. А когда нравственно слепые люди "изменяют мир", они его изменяют в худшую сторону. Они хотят "изменить" мир, не зная этого мира, не веря в нравственную сущность ни его, ни человека. Как улучшить мир не улучшив человеческого сердца? Океан крови пролился и продолжает проливаться ради отвлеченных проектов будущего. Оттого Священное Писание, открывая Лицо Божие, призывает не к просто действию ради действия или изменению ради изменения, но к слушанию Истины и к послушанию ей, в силе Духа, и исполнения воли Того, Кто сотворил все и дал всему путь. Им даны человеку пути истинного изменения мира, пути очищения, прощения, возвышения, освящения и преображения человека. И только встретив Отца своего, услышав Его голос, мы начинаем понимать себя и мир. И видим тогда, что надо в себе улучшить и в мире изменить.

Психология обиды

Все мы знаем, что такое обида потому, что обижали и обижались. Сами того не сознавая, всякий обижающий и всякий обижающийся ранят себя, так как лишают себя солнца любви. Обидчик ранит, не только свою душу, но и тело: злые эмоции рождают в человеке болезненное напряжение тела, что отражается на его физическом обмене веществ и нарушает жизнь. Обидчик обижает, прежде всего, себя. Но и обижающийся поступает неразумно, сам себя ранит. Надо себя закрывать светлым щитом от обид, не обращать на них внимания. А что еще выше, это противопоставить обиде - любовь, кротость, великодушие. "Научитесь от Меня", - сказал Христос Спаситель, - "ибо Я кроток и смирен сердцем. И найдете покой душам вашим" (Мф. XI, 29). Вот простая дорога к счастью, о котором часто думает человек, не зная путей к нему.

Обида может быть бессознательной. Нанесение обиды идет от гордости, желающей унизить человека, от мстительности, злобы. Обижают люди и от алчности, зависти, тщеславия, эгоизма и - просто от душевной нечуткости и нравственной невнимательности.

Предприниматель (индивидуальный или коллективный, как государство, партия) обижает людей наиболее беззастенчиво, эксплуатируя их не только экономически, но и нравствено. Эксплуатация есть многоликая форма несправедливости. История человечества полна этим грехом, до наших времен. Но сейчас не феодальные бароны и не только денежные мешки эксплуатируют бедняков, - сами эти бывшие бедняки, ставшие администраторами, партийцами, представителями пролетариата", жестоко эксплуатируют бедняков (колхозных крестьян, рабочих), прикрывая, однако, эту эксплуатацию очень лестными для себя, но пустыми словами.

Эксплуатация ближнего может и не быть выражением

каких-либо лично-неприязненных чувств; она бывает нравственным бесчувствием, исканием выгоды личной, партийной, государственной. Высокими мотивами пытаются оправдывать эксплуатацию - материальную и духовную - в наши дни. Целью революции для блага всех, оправдываются великие обиды людям. Гуманными фразами оперируют бездушные планировщики, не видящие живого человека. Смертельно обиден для человека и человечества утилитарный материалистический подход к бессмертной человеческой душе.

Но чувства справедливости и сострадания могут рождаться и в материалисте, вопреки его материалистической теории. Как человек, материалист может быть нравственно-чутким. И бывает, что сердце верующего в Бога (вопреки духу этой веры) наполняется алчностью, бессердечностью. Как у материалиста "неверие" может быть лишь на кончике его языка, так и "вера в Бога" бывает иногда лишь на кончике языка у верующего человека. (Вера в Бога - не теоретическая декларация).

В наши дни люди обижают даже веру в Бога (принуждая писать великое святое Имя Бог с маленькой буквы). Но Бога человек еще "менее может "обидеть", чем созвездие Ориона или Лебедя. Неверующие наносят обиду только своей жизни.

Человека обижает человек своей злой (или недостаточно доброй) волей. И все эти бесчисленные "молекулярные" в мире обиды, все наше личное и общее зло, рождают в мире те черные грозовые тучи конфликтов, войн и душегубства, от которых содрогается человечество. И может быть истреблено.

Раньше в истории, во имя веры в Бога, цари и вожди народов обижали неверующих людей (или не так верующих, как они сами). Теперь, в целом ряде стран, неверующие обижают верующих.

Сказано человеку: "Знаешь заповеди: не прелюбодействуй; не убивай, не кради, не лжесвидетельствуй; не обижай (Мк. X)".

Но если обида случилась, ей надо противопоставить не обидчивость. В преодоление зла, входит и преодоление обидчивости. Мы люди так легко друг друга обижаем И еще легче - обижаемся. Даже, если нас никто не обижает, мы и тогда обижаемся. Нам иногда хочется почувствовать себя "обиженными" и в этом проявляется дурная человеческая инфантильность. Ребенок иногда хочет зарыдать не потому, что его обидела мать, а потому, что ему вдруг сладко захотелось почувствовать себя (и, главное, показать себя!) обиженным. Это незрелость души.

"Активный эгоист" обижает, "пассивный" обижается. Обиды активных и обидчивость пассивных эгоистов очень мешают жизни. И выход из этих состояний только один - к свободе духа - никого не обижать и ни на кого не обижаться.

Ценность и личность

Есть ценности, в отношении которых трудно человеку себя признать бедным. Мы, все, люди, богаты воздухом, его много, и он принадлежит всем. Но больной, в последней стадии туберкулеза, беден и в воздухе. Никто не бывает нищим в отношении стакана воды, но странник в безводной пустыне все сокровища мира отдаст за стакан воды. Мы видим, что, в отношении одного, мы очень бедны в мире, а в отношении другого очень богаты.

Если не актуально, то потенциально, все богаты искренностью и добрыми чувствами, но не всякий об этом знает и, тем более, не всякий пользуется таким своим богатством, и оттого столько несчастных в мире. Можно сказать, что в отношении многих вещей, мы все умны, чутки, зрячи, а в отношении других удивительно слепы, неразумны и зависим от других.

Окруженные большой зависимостью от других людей, мы недостаточно осознаем это и еще реже делаем поводом к своей скромности. Но во всем, что мы осуществляем, чем питаемся и что носим на себе и в себе, участвуют люди многих поколений. Справедливо один мудрец кланялся каждый вечер на все четыре стороны. Благодаря Бога и людей, он говорил, что все, что он имеет, он имеет от Бога и людей.

Да, в чем то мы проявляем знание, умение и разум, а в другом обнаруживаем свое крайнее неразумие... Земля, на которой мы живем и над которой на вершок взлетаем, несется в космическом пространстве, среди своей солнечной системы. А система эта несется среди других, более грандиозных систем. И они в свою очередь несутся среди еще больших, уже невообразимых для нас квазаров.

Оттого наши жалкие подпрыгивания к луне не могут конечно быть поводом для какой либо гордости. Эти дистанции буквально комарины. И земля, которая столь терпеливо и кротко держит нас на себе, есть огненное яблоко, на тончайшей кожице которого мы так самоуверенно живем и даже дерзко разглагольствуем и хвалимся устроиться без Бога и столь безвкусно похваляемся своими "достижениями".

А внутри нашего человеческого тела, хрупкого как паутина, но сложнейшего и удивительного, в своей гармонии, живут миллиарды невидимых нашему глазу существ. Не всегда они вредят нам, а только когда это им бывает позволено Хозяином. Есть Хозяин жизни. Его величие открывается в природе и в духе, в нравственных ценностях в нас вложенных и нам свойственных. Жизнь человека зависит от малейших и таинственных обстоятельств. Наука, открывающая тайны мироздания, все более показывает нам, как слаба и хрупка наша плоть и земная жизнь, и как мало в сущности мы знаем.

Мир духовный втекает в нас и обтекает нас. Он говорит нам своими таинственными знаками и стучит к нам: "Се стою у двери и стучу" (Откр. 3:20) и если, кто отворит Мне (в глубинах совести послушается зова), то приду к нему. Быстр отклик Духа Божия на человеческую молитву. "Стою и стучу", первое действие Благодати в душе. И, "кто отворит" сердце, - условие следующего действия благодати в человеке. Чудесная свобода человеческая есть прежде всего свобода возможности для нашего правильного, нравственного отношения ко всему окружающему и внутри нас являющемуся. Мы не вольны избежать того что нам дается независимо от нашей воли; но мы всегда свободны всякое жизненное событие и слово претворить в свет, сделать нужным для себя и других. В этом дело нашей свободы. Чрез все события, все горести и радости человек имеет и власть и счастье идти к Божьей правде, которой нет конца. Мы окружены великой Заботой... Нет "рока", нет "слепой судьбы". Есть Недреманное Око Божией любви и наша свобода быть в ней.

Признак любви

Один из признаков любви - "не раздражаться". Кто может, действительно, себе представить мать, раздражающуюся на своего грудного ребенка? Матери дается чувство особой любви, когда ее ребенок беспомощен. Но сколько есть матерей, которые и потом, когда дети их вырастут, тоже "не раздражаются" на них. В доброте, покрывающей человеческую слабость, является более всего образ Божий в человеке. Конечно и гнев - против зла (а не человека) - может быть святым; но это есть нечто совсем другое, чем эгоистическое раздражение людей друг против друга, которое так отяжеляет жизнь и тех, на кого раздражаются, и тех, кто раздражается. Священное Писание дает совет: "гневаясь, не согрешайте". Иначе сказать: люди, гневайтесь только на зло, а не на страдающего от своего зла человека. "Любящие Бога, ненавидьте зло"! (Пс. 96, IV).

Гнев на зло (особенно - на свое зло!) может вылечить от зла, если этот гнев исходит из любви. Но беда в том, что темная гневливость, раздражительность, как паутина, висит в мире над народами, семьями и сердцами. И эта раздражительность человеческая, иногда вызванная пустяком, отравляет жизнь.

Верно сказал один человек: "Сварливость, вечные жалобы на судьбу и знакомых, это, Пожалуй, еще хуже, так как недостатки эти продолжительные... Лучше уж вспыльчивость: вспылил, наговорил и - потом отошел. Но как трудны обидчивые люди; они злопамятны. Обидчивого человека все раздражает. Если он даже получит желаемое, то (так как в глубине души ему совестно) он ищет нового предлога - вспылить. Всего печальнее, что от нашей раздражительности и вспыльчивости страдают особенно те, кто нас больше всех любит и больше всех для нас делает. Какие несправедливые, злые замечания приходится иногда самым близким нашим выслушивать от нас! И мы это себе позволяем, зная, что они-то не рассердятся; если же и посердятся, то простят и не порвут с нами отношений, так как любят нас..."

В основе вспыльчивости и раздражительности лежат злоба, ненависть, гордость, жестокость и несправедливость. Болото легко превращается в бушующий океан. От одной спички может сгореть город. От одной, будто бы безобидной страстишки, загорается душа и в муках сгорает. Какой нужен самоконтроль людям, какая трезвость и осторожность. Ни один порок, - ни пристрастие к деньгам, ни страсть к удовольствиям; даже вино - губитель многих - так не губит добрый дух семьи, как раздражительный и несдержанный человек. Он расстраивает общественную работу, отравляет жизнь детей и семьи. В обществе мы еще стесняемся по самолюбию, проявлять свою душевную низость, Мы ищем доброго в обществе о себе мнения. Но дома, при "своих", мы распоясываемся, даем волю своему внутреннему злу... "Человек гневливый заводит ссору, а вспыльчивый много грешит", говорит Соломон в Притчах (29, 22).

Человек бывает так низок и мелкотравчат, что обижается даже на Самого Господа Бога, Великого своего Творца! Человек ропщет на Им данную жизнь... Разве вы никогда не роптали на погоду, почему она не такая, как хотелось бы вам? Разве вы никогда не жаловались на свое положение в жизни, на свои обстоятельства? Разве вы никогда не тяготились путем, по которому промыслительно вела и ведет вас Рука Господня?

Есть в душе человеческой великое средство для преодоления самолюбия, вспыльчивости и раздражительности. Это - благоговейная вера в близость Божью. "Господь близ". Над человеком распростерта Любовь. Только ее надо уметь увидеть внутренними глазами. Это и есть вера. Нам не всегда понятны исцеляющие пути Любви. Но, поверив в эту любовь над собой и миром, человек видит духовными глазами жизнь, в свете высшего ее назначения. То, что раньше казалось непонятным, предстает человеческой светлой вере, как нечто необходимое и важное. Так зреет мудрость в душе и открывается вечность.

Свобода наша, есть не только свободное высказывание всего, что мы думаем; и не только возможность делать то, что мы хотим. Самая глубокая свобода наша есть свобода от зла, которым мы мучаем себя и других. К этому состоянию свободы духа в добре и ведет нас путь веры. Вера есть вхождение в высшую реальность.

Память и забвение

Несовершенство души человеческой проявляется в том, что она забывает важное и помнит суетное. Забывает то, что не надо забывать, и помнит то, что нужно забыть.

Применяя к этому известное изречение, можно было бы Спрашивать всякого человека: " Скажи мне, что ты забываешь и что ты помнишь, и я тебе скажу - кто ты".

Начнем же спрашивать самих себя, что мы, люди, а особенно мы, верующие, помним и что забываем. Помним ли мы всегда о Том, Кто дал нам жизнь? Не забывает ли наша душа Бога? Сильна ли, глубока ли, живительна ли наша память об этой истине О реальности высочайшей? Помним ли мы то, что Сотворивший нас всегда с нами пребывает, хотя мы и не всегда бываем с Ним? Помним ли мы, что Дух Святой проникает во все наши помыслы, читает наши мысли и судит намерения? Помним ли мы, что Живой Христос, пребывающий в мире, есть величайшая Святыня, Чистота, Правда и Любовь? Удержала ли наша память Его Заповеди и законы, которые дал Господь для нашей жизни и ее спасения в вечности? Остаются ли в нашей душе слова Христовы, слова такой силы любви и доверия к нам, что Он называет нас детьми и братьями, а не наемниками, а тем более - не врагами своими, хотя мы, делая зло, более похожи на Его врагов. Помним ли мы, что Слово Божие вочеловечилось и стало рядом с нами, заговорило на нашем языке и научило нас видеть в себе и в других внутреннего, духовного, человека друга Богу? И еще, помним ли, как был отвергнут Христос, как мало было у Него защитников, как не нашлось Ему места на земле ни в первую Его земную, ни в последнюю Его минуту? Но, словно молния, "блистающая от востока до запада", чудно, таинственно, неопровержимо воскрес Христос, встал из Своего гроба и явился ближайшим ученикам, 12-ти, и 70-ти, и пятистам, и - Его, Воскресшего, узнавали, и - Он давал безмерную надежду людям; как Он после взошел на небо, скрылся в невидимый мир, чтобы стать еще ближе к каждой душе на земле, еще совершеннее встать у порога каждого человеческого дома. Помним ли мы, что ангелы и духи святых окружают людей и особенно близки к призывающим их?

Сохраняет ли наша память, где бы мы ни были, ту истину, что земная, краткая наша жизнь всегда лишь на волосок отстоит на земле от великого незримого мира, и каждую минуту мы можем быть позваны в другой мир, на последний суд Правды Небесной?... Помним ли это всегда, а особенно тогда, когда давящая душу тяжесть входит в нас и какой то внутренний голос шепчет льстивые, темные слова, и наша душа начинает колебаться и склоняться ко злу? Помним ли мы тогда о Боге, взываем ли к Богу? Помним ли мы, после своего греха, что Милостив Господь и дал нам путь восстановления духовного в покаянии. Помним ли мы, в минуты уныния, что Господь Долготерпелив, а в минуту искушения злом - что Господь Праведен? И, глядя на окружающих нас людей, помним ли мы, что наш Господь - есть и их Господь; наш Небесный Отец есть и их Отец; их Судья и наш Судья? Помним ли мы, что оправдывается или осуждается человек только "от дел своих", но что "без веры невозможно угодить Богу"?... Такие духовные сокровища истины и бессмертия может хранить наша память, наша жизнь. Хранит ли она это сияние? Блажен тот, который знает истину Божественной любви к нам. Ни на что другое не умея надеяться, он надеется на Любовь Божью и живет любовью Господа своего.

Не о всем, а о самом главном я спросил человеческую совесть и память. И теперь я хочу допросить человеческое забвение.

Забвение, поглотило ли ты все обиды моей жизни, все горести и все боли, все страхи жизни? Поглотило ли ты, забвение, суету прошедшей жизни, все ее ничтожные переживания, недоразумения, пустые слова, ненужные споры и волнения?... Лишь на поле, очищенном забвением суеты, вырастает мудрость.

Забвение смелое, ты, как вода чистого родника, уносишь

прах земли и топишь его в себе, не теряя своей сверкающей чистоты. И человеком может быть лишь тот, кто мудро забывает себя, помня о Боге и Его правое.

Святым забвением своим и светлой памятью мы входим в настоящую жизнь.